# 经济发展的新方向：绿色经济研究

李佳 著

全国百佳图书出版单位　吉林出版集团股份有限公司

图书在版编目（CIP）数据

经济发展的新方向：绿色经济研究 / 李佳著. -- 长春：吉林出版集团股份有限公司, 2024.3
　　ISBN 978-7-5731-4716-5

　　Ⅰ. ①经… Ⅱ. ①李… Ⅲ. ①绿色经济-研究 Ⅳ. ①F062.2

中国国家版本馆CIP数据核字（2024）第059070号

JINGJI FAZHAN DE XIN FANGXIANG LÜSE JINGJI YANJIU
## 经济发展的新方向：绿色经济研究

著：李　佳
责任编辑：朱　玲
封面设计：冯冯翼
开　　本：720mm×1000mm　1/16
字　　数：170千字
印　　张：9
版　　次：2024年3月第1版
印　　次：2024年3月第1次印刷

出　　版：吉林出版集团股份有限公司
发　　行：吉林出版集团外语教育有限公司
地　　址：长春市福祉大路5788号龙腾国际大厦B座7层
电　　话：总编办：0431-81629929
印　　刷：吉林省创美堂印刷有限公司

ISBN 978-7-5731-4716-5　　　定　价：54.00元
版权所有　侵权必究　举报电话：0431-81629929

# 前　言

西方工业文明的发展史是人类征服自然的历史，工业化为人类创造了灿烂的物质文明与精神文明，它在促进经济发展和增加社会财富的同时，对大自然的掠夺和破坏也是十分严重的，由此带来了严重的资源和环境问题。人历来有一种"人定胜天"的壮志豪情，虽然为此付出了昂贵的生态代价，可是直到今天，这个问题仍很突出，日益严重的生态危机促使人类逐渐警醒，不可持续发展向可持续发展的转型、工业文明向生态文明的转型、传统经济向绿色经济的转型，正逐步成为全人类的共识和时代潮流。

环境经济学是调整、修补、缓解人与自然的尖锐对立、环境与经济的互损关系的工业文明时代的产物，是工业文明"先污染后治理"经济发展道路的理论概括与学理表现。工业文明经济范畴的绿色经济观念，在本质上仍是人与自然对立的文明观，以工业文明经济范式或理论平台来回应绿色经济议题，是不可能从根本上触动工业文明黑色经济形态的，最多是缓解局部自然环境恶化，不可能解决当今人类面对的生态经济危机。

绿色经济是以生态文明为根本取向、以生态资本为基础要素的可持续发展经济。没有绿色经济，就根本谈不上和谐经济。绿色经济与绿色发展是21世纪人类文明演进与世界经济社会发展的大趋势、大方向，集中表达了当今人类努力超越工业文明黑色经济发展的旧时代而迈进生态文明绿色经济发展新时代的意愿和价值期盼，已成为人类文明演进和世界经济社会发展的必然选择和时代潮流。我国属于发展中国家，现代化建设不能重蹈西方工业化的老路。探索一条既有利于资源节约和环境保护、又能实现高速发展的新路，是摆在我们面前的紧迫任务，是全面建成小康社会的重要问题，也是在激烈的国际经济竞争中取胜的关键。

本书简要阐述了绿色经济的基础知识，包括绿色经济的理论基础、绿色经济的内涵、绿色经济发展的必要性、绿色经济的价值、我国绿色经济模式发展以及绿色经济发展模式的实现机制；深入探讨了绿色经济的运行形式与机理、绿色经济的制度创新、绿色经济的转型、绿色经济的发展、绿色经济的管理以及东北东部绿色经济带区域合作等方面的内容。总而言之，发展绿色经济不是一件轻而易举的事情，但这项艰巨的工作对于我们这个国家，对于这个世界，对于人类赖以生存的整个地球又是如此的紧迫和重要。只要我们执着地追求，绿色经济的春天一定会到来。由衷期望更多的人投身于绿色经济发展的时代洪流中，培育以人为本的绿色文明，创造舒适优美的绿色环境，构筑人与自然和谐的绿色生态，为建设"绿色中国"和"绿色地球"做出贡献。

　　本书在组织策划及写作出版过程中，得到了领导以及亲友的大力支持，在此一并致谢！受作者水平所限，奉献给读者的《经济发展的新方向——绿色经济研究》会有一些不足之处，欢迎读者不吝指正，以便修订时改正。

# 目 录

第一章　绿色经济概述 ………………………………………………… 1
　　第一节　绿色经济的理论基础 ………………………………………… 1
　　第二节　绿色经济的内涵与价值 ……………………………………… 9
　　第三节　绿色经济的发展模式 ………………………………………… 14
第二章　绿色经济的运行形式与机理 …………………………………… 18
　　第一节　绿色生产 ……………………………………………………… 18
　　第二节　绿色消费 ……………………………………………………… 22
　　第三节　绿色营销 ……………………………………………………… 27
　　第四节　绿色市场 ……………………………………………………… 32
第三章　绿色经济的制度创新 …………………………………………… 37
　　第一节　绿色经济发展的制度环境 …………………………………… 37
　　第二节　产权制度创新 ………………………………………………… 43
　　第三节　激励机制创新 ………………………………………………… 45
　　第四节　非正式制度安排 ……………………………………………… 49
第四章　绿色经济的转型 ………………………………………………… 55
　　第一节　绿色转型概述 ………………………………………………… 55
　　第二节　绿色经济转型发展的必要性与对策 ………………………… 57
　　第三节　绿色金融服务对绿色经济转型的作用与发展路径 ………… 61
　　第四节　农村经济绿色转型与路径探索 ……………………………… 65
　　第五节　东北地区产业绿色转型升级研究 …………………………… 71
第五章　绿色经济的发展 ………………………………………………… 77
　　第一节　绿色经济在全球的兴起 ……………………………………… 77
　　第二节　我国绿色经济发展面临的机遇与挑战 ……………………… 78
　　第三节　我国绿色经济发展的新常态 ………………………………… 81

第四节　绿色经济与可持续发展 …………………………………… 89
第六章　绿色经济的管理 …………………………………………………… 94
　　第一节　绿色经济管理的基本理论 ………………………………… 94
　　第二节　基于宏观视野的绿色经济管理考察 ……………………… 98
　　第三节　基于微观视野的绿色经济管理考察 ……………………… 103
　　第四节　绿色经济管理的评价 ……………………………………… 108
第七章　东北东部绿色经济带区域合作研究 ……………………………… 113
　　第一节　东北东部绿色经济带区域合作的理论基础与意义 ……… 113
　　第二节　东北东部绿色经济带经济发展的特征分析 ……………… 117
　　第三节　东北东部绿色经济带区域合作的开始与推进 …………… 122
　　第四节　东北东部绿色经济带区域合作的基本思路 ……………… 126
参考文献 ……………………………………………………………………… 132

# 第一章 绿色经济概述

随着中国经济的可持续发展，绿色经济已经成为必不可少的选择之一，且在其发展上也与制度不可分割。在传统社会模式下，社会的发展与繁荣多以资源浪费与牺牲自然环境等为代价，这最终造成经济发展、生态环境与自然资源之间不能实现可持续发展，在此影响下绿色经济模式被提了出来。

## 第一节 绿色经济的理论基础

### 一、马克思主义政治经济学理论

马克思、恩格斯在长期的研究过程中，创立了"剩余价值学说"，奠定了马克思主义经济学说的基石。马克思、恩格斯在破解资本主义市场经济的秘密的同时，也将资本对生态自然破坏的固有本性揭露出来。在马克思、恩格斯看来，"生产的扩大或缩小，不是取决于生产和社会需要，而是取决于无酬劳动的占有以及这个无酬劳动和物化劳动之比，或者按照资本主义的说法，取决于利润以及这个利润和所使用的资本之比，即一定水平的利润率。"[①] 因为对于资本家来说，获利是首要考虑的因素。在获取更多"剩余价值"的刺激下，资本家们不断扩大生产，但这种生产活动的不断扩大并不是取决于人们需要的增加，而是取决于所获利润与其使用资本之间的比例，也就是利润率。换而言之，资本主义无限扩张的本性对自然造成了破坏，这种破坏是由资本主义生产关系的固有逻辑所导致的，因而在资本主义体制之下是"无解"的困局。早期资本主义将资源看作是无限的，大自然具有无限的废物涵养与消化功能，但

---

① 马克思, 恩格斯. 马克思、恩格斯选集 第4卷 [M]. 北京: 人民出版社, 2012: 384.

这些假定均与事实恰恰相反。资本主义政治经济制度下，人类大规模开展的生产活动，削弱并恶化了生态系统，使其运作效率与适应能力降低，自然物质循环紊乱加剧。随着15世纪大航海时代的到来，全球化的新时代被开启，而资本的固有逻辑也借此被推向了全世界。马克思、恩格斯就此指出，"资产阶级社会本身把旧大陆的生产力和新大陆的巨大的自然疆域结合起来，以空前的规模和空前的活动自由发展着，在征服自然力方面远远超过了以往的一切成就。"[①] 当今世界的几乎所有国家都或主动或被动地卷入资本主义世界经济体系中，这种依靠全球化力量助推起来的资本主义世界体系实质上是一种"反生态经济—社会"系统。从现代化的历史进程来看，人类最早的现代化是通过资本主义的生产方式来实现的，而这种生产方式一旦形成，它就会将固有的逻辑推向世界、推向全球，由此开辟了世界历史。辩证地看，资本主义的世界历史，既为其他国家的现代化提供了先决条件；但同时也通过或显性或隐性的经济体系的控制、政治体系的控制、金融体系的控制，将其他国家和地区沦为现代化的附庸。

从当今全球政治经济秩序来看，这种"中心—边缘"结构的附庸体系并没有被彻底打破。因此资本主义固有矛盾对环境的巨大破坏力并没有因为欧美环境问题的缓解而消失，只不过是通过全球分工与发达国家凭借资金技术优势以产业转移的方式嫁接给了世界较为落后的国家和地区。尤其是在20世纪后半叶的"八大公害事件"之后，西方国家开始反思发展与环境之间的张力问题。在此背景下，他们制定严格的环保标准，并积极进行产业升级，主攻高端的技术研发，却将环境污染严重，附加值低的企业转移到急需发展的落后国家和地区。这种转移虽然一方面给发展中国家带来了发展的机遇，无论是资金还是技术都让发展中国家的经济状况有所好转；但另一方面，在不平衡的全球贸易体系下，发展中国家的经济发展始终受到发达资本主义国家的制约，而无法实现真正的超越，并在此过程中付出了环境破坏的沉重代价。究其本质，资本主义持存并发展的根本推动力是无止境的资本积累，正是这一目标将环境破坏从最初的数个工业化国家拓展至全球，全球生态环境面临着不断恶化的局面。在此意义上看，资本主义现代化的全球扩张不过是将环境破坏从局限的几个国家扩散到全球的过程。作为一个不断自我扩张的系统，资本主义可以引导人们去进行不必要的消费，而忽略地球有限的资源与环境承载力，这也使得西方资本主义发达国家不可能真正解决环境问题。相比之下，社会主义是真正以公正与平等为基本特征的社会形态，作为以人的解放与全面发展为根本目标的意识

---

① 马克思，恩格斯. 马克思、恩格斯全集 第30卷 [M]. 北京：人民出版社，1995：4.

形态，必然会兼顾到人与环境和谐共处的问题，会为人的发展与人类文明的永续繁荣提供良好的生态环境。

## 二、自然资源无价值论与自然资源价值论

自然资源是指具有社会有效性和相对稀缺性的自然物质或自然环境的总称。自然资源是人类生活和生产资料的来源，是人类社会和经济发展的物质基础，同时也是构成人类生存环境的基本要素。虽然人类生产活动最初的资源都来源于自然，但对于自然资源价值认识问题上，却存在两种不同的观点。

### （一）自然资源无价值论

自然资源无价值论认为自然资源不具有价值。自然资源之所以没有价值，是因为：①商品的价值是无差别的一般人类劳动凝结。由于天然存在的自然资源没有人类劳动参与，不是劳动产品，虽然具有使用价值，但却不具有价值。②价值分析的对象是商品，商品有确定价格形成的市场机制，能够进行交易。很多自然资源不是商品，没有确定价格形成的市场机制，价值不易被表征。③面对人口的快速增长，为了生存，各国经济发展默认了以牺牲自然资源为代价的增长模式。而这种默认事实上又助长了经济发展过程中对自然资源价值的忽视。④很多自然资源具有"公共品"性质，"公共品"的非排他性使消费自然资源的单位都具有"免费乘车"的主观意向，消费者不表露他的消费偏好，自然资源价格就无法从市场中产生。基于以上方面的原因，一些学者认为，天然的自然资源是没有价值的。

资源无价值的观念及其在理论、政策上的表现，导致了资源的无偿占有、掠夺性开发和浪费，生态遭受破坏、环境不断恶化成为经济社会持续发展的制约因素。由于自然资源没有价值、不计价格，使得一些资源可以无偿使用，自然资源使用者都力图多占用，掠夺式开发。不仅如此，那些得到自然资源使用权的单位或个人还常常无视资源利用的经济效益，由于资源利用效率低下，资源存量日趋减少，资源竞争日益激烈，生态环境进一步恶化，直接影响国家收入的可持续性增长。另外，由于生态破坏与环境恶化，人类面临各种自然灾害风险的概率提高，风险成本增加，为了降低这种风险而开展的各种修复自然生态系统需要的人力、物力也随之增加，影响了经济增长的进程。最为可惜的是，由于将自然资源看作是无价值的，国民经济核算对此也不予以重视，使得国民财富核算失真，而核算的失真又进一步加剧了对自然资源无偿使用的滥用。

## (二) 自然资源价值论

相对自然资源无价值论，一部分学者从哲学、经济学的价值定义寻找自然资源的价值根据。哲学认为价值是主体与客体关系的一种内容，这种内容就是客体是否满足主体的需要，是否同主体相一致，为主体服务。简单来说，价值实际上就是客体与主体的需要与满足需要的关系，如果主体有某种需要，且客体也能够满足这种需要，那么对主体来说，这个客体就是有价值的。自然资源具有物质性资源的功能属性、环境容量资源的功能属性、舒适性资源的功能属性、自维持性资源的功能属性，这些功能属性从不同方面能够满足主体人的需要，因此从哲学上看意味着自然资源具有价值。只是与人造产品和服务不同，自然资源的这些功能属性对人的需要在满足程度上不同，其实体也不进入生产活动中，使用价值只是间接地对人的需要产生效应满足。比如，自然资源的环境容量资源功能属性，虽然为人类容纳、贮存和净化生产和生活中产生的固体、液体和气体废弃物，但其实体不进入生产过程而是以服务的形式满足经济体系的需要；自然资源的舒适性资源功能属性，具有满足人类对美感、认知和体验等精神生活需要方面的功能。与环境容量资源一样，也只是以其功能效益来服务于人类，体现的同样是间接效应。自然资源的这种间接效应使自然资源的市场发育不全，价值难以体现。但根据哲学上定义的价值，自然资源无论从主体、客体及其相互关系分析都符合价值的内在规定性，是有价值的。

经济学领域的价值观点又分为两类：一类是马克思的劳动价值论；另一类是西方经济学的效用价值论。由于马克思的劳动价值论认为劳动是价值的唯一源泉，自然资源由于没有人类劳动的凝结，因而从劳动价值论角度分析自然资源不具有价值属性。由于财富是有价值的，而自然资源又是财富的构成，因而，财富价值论认为自然资源是有价值的。西方经济学的效用价值论是从物品满足人的欲望能力（即商品对人类的满足程度）或人对物品的主观心理评价来说明和度量社会财富和商品价值的经济理论。[①]

## 三、循环经济理论

循环经济作为一种资源利用最大化的经济模式是为了解决资本主义工业国先污染后治理的工业化而带来的环境困境和经济危机。马克思、恩格斯和列宁对资本主义生产方式进行批判的时候已经内在包含着生态批判。例如，列宁在

---

① 向书坚，郑瑞坤. 绿色经济核算 [M]. 北京：中国环境科学出版社，2016：42.

批判资本主义生产方式时指出："把天然肥料白白抛掉，同时又污染市郊和工厂区的河流和空气，这是很不合理的。就在目前，一些大城市周围也还有一些农田利用城市的污水进行灌溉，使农业受益很大，但是，能这样利用的只是很少一部分污水。"[1] 也就是说，马克思、恩格斯和列宁已经意识到资本主义生产方式下资源的浪费和非循环问题。

从循环经济的发展史上看，资本主义的生产方式是循环经济的发源地。一方面，资本主义生产方式带来的资源浪费已经影响到资本的逐利能力。另一方面，只有从资本主义的商品经济开始，大规模的生产才得以实现。排泄物的再利用的条件是大规模生产、机器改良和科技进步。与此同时，资本主义市场经济体制成为循环经济的助推力。自然资源的有限性是循环经济产业的直接原因。马克思敏锐地察觉到地球资源的有限性以及自然条件对物质生产的制约作用。资本家要提高利润率就必须关注原材料的价格，因为利润率是剩余价值和预付总资本的比率，原材料的价格是预付总资本的重要组成部分。在其他条件不变的前提下，剩余价值率与原材料的价格成反比。自然的有限性与资源需求的持续扩大的矛盾愈发尖锐。原材料的价格自然水涨船高。在自然资源有限的前提下，生态排泄物和消费排泄物的再利用就具有非常大的经济价值和生态价值。但是，在利用这种排泄物方面，资本主义经济浪费很大。虽然循环经济是在资本主义生产方式条件下产生的经济模式，但是只有在社会主义的条件下才能真正发挥出循环经济的作用。

"减量化、再利用、再循环"原则是循环经济的基本原则。减量化指的是在源头上减少资源的消耗。这是一种"由于废料的减少而造成的节约"。这种节约是把生产排泄物减少到最低限度和把一切进入生产中去的原料和辅助材料的直接利用提到最高限度。再利用指的是原材料的重新利用。在实际上，不同生产部门的废弃物都不废。可见，再利用能够有效减少原料的浪费。再循环指的是废弃物的资源化利用。也就是把劳动过程中的排泄物变成新的生产资料。通过再循环的过程，把生产排泄物从一个部门流向另一个部门。排泄物主要有生产排泄物和消费排泄物两大类。生产排泄物，是指工业和农业的废料；消费排泄物则部分地指人的自然的新陈代谢所产生的排泄物，部分地指消费品消费以后残留下来的东西。根据3R原则，能够实现生产资料的循环再用。

科学技术是循环经济的原动力。循环工业的起点也必然是生产资料的革命。科学知识、技术设备决定着物质生产的高度，也决定着循环经济的水平。科学技术的发展，能够为人类的物质生产提供更为先进的生产工具，从而提高

---

[1] 列宁. 列宁全集 第5卷 [M]. 北京：人民出版社，1986：134.

劳动生产率。劳动生产力的发展也会对原资本或已经处于生产过程中的资本发生反作用。也就是采用新的方式（人工的）加工自然物，以便赋予它们以新的使用价值，以便发现新的有用物和原有物体的新使用属性。一方面，固定资本能够得到更为充分的使用；另一方面固定资本的使用范围更加广泛，以前不能使用的废料，变成了现在可以用于再生产的原材料。总之，原材料的节省、废料的减少、废弃物的重新利用都部分地取决于科学技术的发展。

社会主义是循环经济的社会机制。社会化大生产、生产要素的自然有效流通以及科学技术的发展都是循环经济得以实现的重要条件。但是，在资本主义条件下，仅仅提供了循环经济的可能性，因为生产资料的私人占有决定了自然的工具性和属人性，无法合理调节生产者和自然之间的物质交换。社会主义社会是一个内部要素合理有序流通的有机体。社会制度对经济的发展起直接的决定作用，决定了人类物质生产的资源和利益分配方式。生产资料的循环发展和集中利用是以工人的聚集和协作，即劳动的社会结合这一重要条件为前提的。因此，只有在以公有制为基础的社会制度之下，才能够真正实现资源和利益的有效分配，从而达到资源的有效和循环利用，以及经济社会的持续发展。

循环经济思想具有重要的理论价值和现实意义。一方面，循环经济理论为我国推进生产方式的绿色变革提供了强有力的理论支撑，也是中国化循环经济的理论来源。循环经济理论包含着科学技术作为第一生产力的思想、社会主义市场经济助推循环经济的思想、3R 的循环经济基本原则等。这些思想都可以在马克思、恩格斯等经典作家的思想中找到理论的基础。另一方面，面对资源和环境对生产的限制和约束，发展低碳、节约、循环的经济模式，关键在于科学技术的发展。生产方式绿色化是生产的具体形式的绿色化，必须坚持循环经济发展的基本原则。

总而言之，实现生产方式绿色化是一个系统工程，必须从学理上认识到其重要性和必要性。通过对实现生产方式绿色化的经济理论基础进行剖析和阐释，能够为推进生产方式的绿色转型和社会主义生态文明建设提供正确的方向引导和坚实的理论基石。[①]

## 四、绿色增长理论

绿色增长理论是绿色经济效率理论的本源与支撑。新古典增长理论与内生增长理论主要讨论了包括劳动力、资本和技术等要素对经济增长的影响。随着

---

① 赖婵丹. 实现生产方式绿色化的政治经济学理论基础 [J]. 攀登, 2019, 38（1）.

工业化的快速发展，资源短缺与环境污染问题逐渐凸显，国内外一些机构和学者意识到，在经济增长过程中，需要实现绿色增长。在不同的时代背景和阶段，人们对绿色增长的认识与理解具有差异，绿色增长理论也在不断发展与完善。早期绿色增长强调的是环境保护，即通过制定和提出环境政策，旨在解决工业文明发展产生的环境污染问题。随着经济社会不断发展，人们认识到发展才是绿色增长的主体和宗旨，此时绿色增长重在强调环境与经济的协调发展，在促进经济增长的同时，注重环境保护。即绿色增长是一种低消耗、低污染、高效率的经济增长模式，不仅需要促进经济增长，而且应提高资源利用效率，减少资源消耗与环境污染，促进经济与环境的协调发展。[①]

（一）绿色增长的关键要素及作用机理

政策与技术是绿色增长实现过程中的关键要素，如何将资源、环境、政策与技术等外生变量内生化，探索与挖掘"绿色化"的内生增长路径成为研究的重点之一。

（1）在技术创新方面，笔者基于DICE（气候变化社会经济影响全面综合）模型，重构导向性技术创新不同的动力要素及其与气候变化之间的内生关系，建立了可体现绿色增长"均衡性""包容性"和"可持续性"的非线性最优控制模型。得出了气候反馈经济损失不容小觑；偏于生产的绿色技术创新导向下社会生产力强劲但存在气候环境恶化风险，偏于减排的绿色技术创新导向下气候反馈经济损失小但存在增长动力匮乏风险，二者虽均可实现长期的绿色增长，但中性的绿色技术创新导向会更稳妥；偏于生产的绿色技术创新导向下人均消费变化率在短期内会显著提升等结论。

（2）在环境规制方面，笔者构建了以社会福利最大化的绿色增长为目标函数、以保证均衡增长率的持续增长和环境质量的持续改善为约束条件的非线性最优控制模型，并利用最优控制理论和极大值原理，分别得到了棕色技术（污染密集型技术）创新投资收益率、绿色技术创新投资收益率和资本分配的定量表达式。得出了尽管棕色资本在资本积累中的生产弹性上存在优越性，但绿色资本才是维持全社会经济增长的重要支撑；环境规制的实施能够促进资本分配转向绿色技术创新领域，且强度越大越有助于绿色资本利用，而绿色技术进一步创新对绿色增长目标实现具有更有效的推动作用等结论。

（3）在技术创新和环境规制方面，笔者基于生态现代化理论与波特假说（适当的环境管制将刺激技术革新），将政策、技术等因素纳入绿色增长模型

---

[①] 丁玉龙. 数字经济与绿色经济效率的理论基础研究［J］. 北方经贸，2021（9）.

中，并建立环境规制、技术创新与绿色增长绩效三者假设的概念模型；同时，结合我国部分省市资源、环境、政策和技术等方面的相关指标数据，运用结构方程模型对三者之间的互动关系进行检验，得出了环境规制对技术创新具有显著的正影响，技术创新对区域绿色增长具有显著的正影响，此发现支持了"波特假设"；环境规制不能直接地推动区域绿色增长，但是区域绿色增长却能被环境规制刺激的技术创新积极影响，此发现支持了"生态现代化理论"；我国绿色增长的实现需要技术创新的驱动，应充分发挥其在环境规制与区域绿色增长之间的桥梁作用等结论。

(二) 绿色增长程度的测度与评价

（1）区域层面，笔者首先对OECD（经合组织）、UNEP（联合国环境规划署）、GGGI（全球绿色增长研究所）、WB（世界银行集团）、中国科学院与北京师范大学等科研机构对于绿色增长评价体系进行对比分析，从社会经济、资源环境、自然资产、生活质量与政策支持五个维度构建我国绿色增长程度评价指标体系；其次，运用TOPSIS（Technique for Order Preference by Similarity to an Ideal Solution）法与灰色关联理论相结合的方法构建区域绿色增长程度的评价模型，结合相关指标数据，对我国绿色增长程度进行测度与评价分析。研究结果表明：我国绿色增长系统呈现缓慢曲折上升的趋势；社会经济与资源环境的协调发展对我国绿色增长系统具有显著的影响；自然资产与政策支持的波动性增长可导致整个系统出现短期下滑。

（2）产业层面，笔者选取制造业为研究对象，采用数据包络分析方法中的EBM（Epsilon-Based Measure）对我国制造业30个行业的绿色增长效率进行了测算与评价分析。得出我国制造业绿色增长效率正逐年稳步提升，但各行业间绿色化程度存在较大差异；在资源节约和环境污染减排方面，我国制造业总体上存在较大潜力和提升空间；依据绿色增长效率值大小，可将我国制造业30个行业分为"绿色型""棕色型""褐色型"和"黑色型"四类，且从"绿色型"到"黑色型"，制造行业资源能源利用率逐渐降低，环境污染物排放量逐渐增加等主要研究结论。

（3）企业层面，笔者首先结合专家意见与实地调研，通过筛选得到了影响企业绿色增长的主要因素，并运用灰数理论和DEMATEL（建构评估模式）方法对企业绿色增长的影响因素进行识别与分析；随后，基于分析得到的关键影响因素，从技术、生产、投入、治理、企业文化和制度创新六个方面出发构建了企业绿色增长水平评价指标体系；最后，运用灰色多层次理论，构建企业绿色增长水平的评价模型，并对企业的绿色增长水平进行实证评价。得出企业的源头治理与末端处理联合的生产方式是实施绿色增长的重要前提；在绿色管理制度的建立下，注重企业的研发、技术投入等都是直接影响企业实施绿色增长的重要条件；企业的综合绿色增长水平处于一般水平与较高水平之间，其分项最高的是绿色技术水平，最低的是绿色制度创新水平等主要结论。[①]

## 第二节 绿色经济的内涵与价值

### 一、绿色经济的内涵

绿色经济是以节约能源资源为目标、以生态科技为基础、以市场为导向、以新能源革命为依托的经济发展模式，其宗旨是经济发展必须与自然环境、人类社会的发展相协调，其核心是人力资本、生态资本、人造资本、社会资本存量不断增加，实现绿色 GDP 的稳步增长。

绿色经济是绿色发展的经济内容，生态文明的经济建设就是实现经济的绿色化。从微观看，发展绿色经济就是要加速淘汰落后产能和工艺，用技术创新和工艺创新促进绿色企业的发展，推动绿色产品的有效供给，同时大力提倡绿色生活，形成资源节约、环境友好的绿色生活方式和绿色消费模式；从中观看，发展绿色经济就是要使部门经济、地区经济、集团经济绿色化，通过产业结构、技术结构、规模结构的绿色化，实现产业的绿色升级、分类和分布，探索绿色经济结构的演化规律，揭示经济与自然、社会之间的绿色联系；从宏观看，发展绿色经济就是要不断降低国民经济中能源资源消耗多、环境污染重的行业比重，推动整个宏观经济的绿色化进程。

发展绿色经济，首要问题是确立新的价值观。经济活动中原有的价值观必须发展，要在生态文明理念下建设新的价值学说。在经济学中，价值范畴作为社会生产流动的杠杆，只是在商品领域里出现。人们普遍认为，只有商品才具有价值，这种片面的传统的价值观一直统治着我们的思想，指导着我们的行动。这种观念必然体现在生产上，其目标是以最少的耗费获得最大的产出，即对生态资源实现最大限度地开发而基本没有环境污染控制措施；在交换上，只看到商品流通，对潜在消耗的自然资源不计成本，因而自然资源的生态价值不

---

[①] 武春友，郭玲玲. 绿色增长理论与实践的国际比较研究 [J]. 中国国情国力，2020 (5).

能实现，劳动得不到补偿；在消费上，认为自然资源是取之不尽的，环境纳污容量也是无限的。这种生态环境无价值的观念还导致在经济政策上忽视对生态资源再生能力的建设性和保护性的投资，没有把生态资源纳入价格体系之内，往往只强调人是生产者，而忽视人又是自然资源和生态环境的消费者，又反过来加剧了生态环境的恶化。因此，只有发展传统劳动价值论才能揭示自然资源价值的本质，以信息增值进化论为基础，用生态文明的多元价值论构建绿色经济的理论体系。

从改变经济发展的能源结构角度看，发展绿色经济就是要发展低碳经济；从生产过程、产品和服务看，发展绿色经济就是要推进清洁生产，实行节能减排；从资源利用程度看，发展绿色经济就是要大力发展循环经济；从资源节约的角度看，发展绿色经济就是要发展共享经济；从产业结构角度看，发展绿色经济就是要大力发展生态农业、生态工业和生态服务业，即当前要大力发展工业文明和信息文明融合的新兴产业；从消费层面看，发展绿色经济就是要实行绿色的生活方式。①

## 二、绿色经济发展的必要性

### （一）缓解"资源约束趋紧、环境污染严重"的现象

面对资源约束趋紧、环境污染严重的生态环境，我们有必要继续推行绿色经济发展，树立生态文明观，推进可持续发展。近年来，随着第一、二、三产业的发展，我国的经济实力突飞猛进，生产力大幅提升，但同时生态方面的问题也显露出来。当前我国部分地区的水资源污染严重，部分城市空气质量有所下降并出现了雾霾天，而且随着生活水平质量的提高，开始出现了资源浪费等问题。因此，协调生态和经济的问题就摆在了我们面前，我国很早就意识到这一问题。缓解资源约束趋紧环境污染严重的现状，就要处理好环境和资源、人与自然、人与自身、社会经济与自然之间的关系，推动可持续发展。在大力推行绿色经济发展的过程中，人的劳动起到了关键的作用，马克思意识到这一点，马克思认为，人与自然的物质交换是通过生产劳动实现的，劳动首先是人和自然之间的过程，是人以自身的活动来中介、调整和控制人和自然之间的物质交换的过程。当前环境污染的现状不利于可持续发展的建设，因此，我们要将绿色经济发展付诸到实践活动当中，进而缓解资源约束趋紧和环境污染严重

---

① 孟根龙，杨永岗，贾卫列. 绿色经济导论 [M]. 厦门：厦门大学出版社，2019：4.

的现象，共同建设美丽中国。

（二）顺应"碳中和"的目标要求

2020年我国在第七十五届联合国大会上指出，努力在2060年实现碳中和，倡导绿色经济发展有利于实现"碳中和"这一目标。所谓碳中和，是指国家、企业、个人等通过节能减排等方式将自身活动产出的二氧化碳抵消，实现"零排放"。绿色能源在我国目前仍然处于匮乏的状态，因此大力提倡绿色经济发展显得尤为重要，绿色经济发展有利于推进我国在2060年实现"碳中和"的目标，要想实现这一目标，就要尽最大努力去发展可再生能源，并且将其运用到人们的日常生活中，从而降低化石能源的比重。因此，当今我国明显向光伏、风能等新型能源产业转型，但这并不是说传统工业不好，而是要辩证地看待传统工业，传统工业为我国创造了大量的物质财富，但同时又造成了环境污染等恶劣现象。我国提倡的绿色经济本质上就是要处理好经济和生态的关系，推进实现"碳中和"这一目标。新时代绿色经济的发展需要做到理论和实践相结合，不能仅仅停留在理论层面，在制定系统性的制度体系的同时，也要落实到现实生活当中。

（三）符合科学发展观的理论意蕴

科学发展观是绿色经济发展的理论逻辑支撑，科学发展观是发展绿色经济、建设社会主义和谐社会的指导思想及思想保证，绿色经济是科学发展观的重要内涵。新时代绿色经济要在科学发展观中的经济发展模式中贯彻落实，而建设和谐社会必定会促进绿色经济发展。可持续性是科学发展观的主要特征，绿色经济发展的理论旨归在于推动国家和社会实现可持续性发展。"作为新时代面向绿色经济社会高质量发展的新范式，习近平总书记的绿色发展理念必将对中国国家治理现代化和全球治理产生深远影响。"[1] 只有坚持贯彻落实科学发展观，才能更好地发展绿色经济。绿色经济反对异化消费，随着人们生活水平的不断提高，消费水平也随之增长，进而出现了盲目消费、过度消费的现象，从而导致出现了资源浪费、环境污染等现象，在一定程度上泯灭了人们心中的生态情怀。当代倡导的绿色经济有利于人们心中树立合理消费的观念及保护生态、节约资源的情怀。绿色经济不仅仅致力于给人们创造一个良好的自然环境，同时也致力于构建良好的社会环境，只有大力发展新时代绿色经济，才

---

[1] 黄建洪. 绿色发展理念：绿色经济社会治理的新范式 [J]. 北京师范大学学报（社会科学版），2021（4）.

能进一步协调生态与经济二者之间的关系,才能贯彻落实科学发展观。①

## 三、绿色经济的价值

绿色经济是一个历史进程,是继人类物质文明、精神文明之后的第三种文明——生态文明的具体体现,是以高新技术为支撑,使人与自然和谐相处,能够可持续发展的经济,是市场化和生态化有机结合的经济,将自然资源价值和生态价值纳入社会价值体系之中,是生态价值视域下的经济体系。它是一种经济再生产和自然再生产有机结合的良性发展模式,是人类经济、社会和环境可持续发展的必然产物。以可持续发展为基础的绿色产业和绿色经济的不断发展,这也是当今产业经济发展的必然选择。

### (一)绿色经济倡导公平发展的价值观

公平性是可持续发展的重要保证,失去公平性就等于失去可持续发展基础。从经济角度看,追求经济利益最大化,不断提高人类的生活质量,是经济发展的基本目标,也是传统经济模式下的社会经济增长方式。传统的经济增长模式是以自然资源系统遭受严重破坏和污染为代价获得,对于自然资源的生态系统而言是不公平的。在这一发展过程中,仅仅满足了当代人,忽视了后代人的生存发展的需要,不符合"代际公平"的原则。传统的经济发展方式缺乏全局通盘考虑,自然资源丰腴地区独占原本属于全体公民的"级差收入",忽略其他欠发达区域和环境资源欠佳地区人的生存需要,不符合区域公平原则。这种将子孙后代或全人类的环境资源用以满足少部分当代人的物质上的奢侈,不符合市场经济规律,是不公平的。绿色经济发展方式通过自然资源的可持续利用,能够最大限度地提高自然环境的利用率,兼顾当代人和后代人的代际利益平衡,权衡当代人之间的区域利益平衡,促进经济、社会、环境协调发展,促进区域经济协调发展。

### (二)绿色经济倡导兼容性发展的价值观

在传统经济发展模式下,自然环境与经济增长和社会发展之间彼此不能兼容。经济的发展、人口的增加,使得生产和生活都需要消耗更多的资源,污染排放不断增加,自然资源再生产步伐远远落后于耗费的节奏,经济发展无节制地增长,使自然环境天然的净化功能负荷加重,社会发展、经济繁荣以牺牲自

---

① 赵静伟. 新时代绿色经济发展的必要性及当代意义[J]. 经济师, 2023(7).

然环境为代价，最终导致经济发展的不可持续性，环境恶化是一个必然的结果，是不可回避的恶性反馈环路。绿色经济模式是以可持续发展观为基础所形成的新型经济发展方式，它以自然生态规律为基础，通过政府引导和市场机制资源配置，制定和实施一系列引导社会经济发展符合生态系统规律的强制性或非强制性的制度安排，引导、推动、保障经济社会活动各个环节的绿色化，从根本上减少或消除污染，形成经济、社会和环境良性的闭合循环反馈回路。

（三）绿色经济坚持开放性和协调性的价值观

经济发展应在环境资源约束下，将环境资源的保护和合理利用作为其经济系统运行的重要组成部分，充分考虑自然资源的经济价值和社会价值，将其纳入市场经济价值体系之中，遵循自然环境系统内在规律，在市场资源配置下，建立和完善自然资源价值的形成机制和价值补偿路径，保证自然生态系统的内在自有的平衡不受破坏，并将其与经济系统有机衔接，将自然资源及环境价值嵌入社会产品价值体系之中，将自然环境代价与生产收益一并作为产业经济核算的依据，确认和体现经济发展过程中自然环境的价值。事实上，经济的发展与环境资源的消耗是并行的，在量化经济发展的各项收益指标时，环境价值理应据实计算并从中扣除，从而完善传统的经济增长模式下的价值核算体系，建立稳定的生态和经济条件，形成经济和环境资源价值相互补充的价值形成体系，促进自然生态系统和经济系统的协调运行。

在经济发展过程中，产业结构是动态的、发展的，具有较强的更新机制，产业结构优胜劣汰是客观规律。绿色经济的核心是促进经济的可持续发展，自然会带动产业结构的可持续发展。发展绿色经济，可以引起社会再生产的各个环节的绿化，带动经济社会发生巨大的变革。①在生产领域更倾向于清洁化，工业社会实行以最大化地提高社会劳动生产率，促进经济增长为中心的"资源—产品—污染排放"的生产方式，绿色经济实行以提高自然资源的利用率、消除或减少环境污染为中心的可持续发展生产方式，生产者不仅仅是产品的生产者，也负有保护环境的社会责任和义务。②在流通领域内增加了对污染源转移的控制。绿色经济在工业社会奉行的自由贸易原则的基础上，实行附加环境保护义务的自由贸易，控制和禁止污染源的转移。③消费观念的绿化，引导和推动绿色消费。这一系列的制度性变革，必然引起工业社会向绿色社会的发展，依据自然生态规律，建立起包括生态系统在内的绿色经济系统。①

---

① 王金霞. 绿色税收 [M]. 北京：中国环境科学出版社，2017：36.

## 第三节　绿色经济的发展模式

### 一、我国绿色经济模式发展探究

#### （一）绿色农业

在大力发展绿色农业时，应该充分结合实际情况，将"绿色产品""绿色技术""绿色环境"作为发展的核心内容。随着我国综合国力的增强，科学技术得到了飞速发展，而绿色农业的发展除了需要科学技术的支持，还需要相应管理创新措施的不断完善；要持续推进优化农业产业结构的速度；同时注重农产品的质量问题，对农产品基地涉及的质量管理体系进行创建和完善，将农产品生产基地的监督管理工作和相关生产技术落到实处，并加强管理；除此之外，还要重视绿色农业技术的研发事宜，大力推广该项技术，为保证技术的落实状况，还应建立完善的培训机制，为快速实现绿色农业产业的现代化、技术化夯实基础；最后，充分利用不断更新升级的信息网络技术，为绿色农业的顺利发展建设完善的产销管理体系。

#### （二）绿色工业

绿色工业体系不同于传统的工业体系，绿色工业体系具有耗能少、坚持可持续发展、科技化、生态化的特点，在符合我国国情的绿色工业体系建构的过程中，应该以保护环境、节约资源为前提条件，根据区域发展特征，制定适合区域经济发展的详细规划以及相关的产业布局政策，在原有策略上进行修改和完善，使工业布局、工业结构更加系统化、合理化；根据能源有限这一实际情况，合理完善能源的供需体系，同时抓住机遇，大力发展新兴产业，并充分挖掘传统产业的价值，合理利用高新技术及市场资源，加快对传统产业的升级改造；技术是工业顺利发展的血液，因此要注重对新技术的研发，并鼓励企业紧跟时代的步伐，在各方面进行绿色创新，共同建立起绿色设计、绿色技术、绿色产品的绿色经济模式，明确行业绿色标准，制定和完善绿色管理规范。

#### （三）绿色服务

我们知道，现代企业的市场核心竞争力对企业的长远发展来说至关重要，要想持续保持并增强竞争力,绿色服务体系的创建是战略性选择。在绿色服务体系的创建过程中,切不能一概而论,必须进行统筹规划,确定绿色服务的重点领域,然后再对其进行正确引导,制定相关规范措施,具体包括追加政府方面对绿色服务的投资、为绿色技术的创新和研发给予必要条件的支持,对于企业来说,做到向绿色服务体系的完美转型具有一定的难度,因此还要合理制定绿色转型的专项规划;此外,服务业的污染排放也不容小觑,必须加大整改力度,降低排放量,运用合理、有效的手段促使服务业的绿色转型;为了进一步节约能源及原材料的消耗,要用绿色服务来补充,甚至代替传统服务方式,为生态的平衡及良性发展创造必要条件。

(四)绿色消费模式

近几年,我们大力提倡建设环境友好型、资源节约型社会,绿色消费模式的推行对节约资源、保护环境大有裨益。要想构建绿色的消费模式,首先要提高群众绿色消费的观念,加大环境保护、资源有限的宣传力度,促使全民树立可持续消费观;对消费结构进行持续优化,绿色经济转型具有一定难度,可以用绿色消费模式来促进企业的绿色经济转型速度,大力扶植绿色产品的生产模式,并建立相关绿色生产基地,利用各种经济手段加快绿色经济的发展,形成从生产到消费的全程绿色通道;在对大力发展绿色产品的前提下,还要建立对应的绿色产品营销体系,并强化绿色产品及绿色市场的管理、监督措施,为绿色的消费模式创造安全环境,进一步加快绿色消费模式的生成。[①]

## 二、绿色经济发展模式的实现机制

(一)大力发展绿色产业,优化经济增长路径

发展绿色产业,一是要对传统产业实行绿色化改造,引导高耗能、高排放产业向绿色产业转型,鼓励节能环保新兴产业的发展;二是要以新能源、新材料、可再生能源和环保产业等为切入点,给予政策、资金的扶持,培育新的经济增长点,开发无污染的工艺技术和绿色产品,进而以绿色产业创造绿色就业岗位,以绿色产品促使绿色消费观念的形成,以环境管理优化经济增长路径;三是要在产业布局上,发挥循环产业园区的集聚效应和关联效应,实现成本降低、资源共享和节约利用,最大化地降低城市产业废弃物排放,提高生产

---

① 艾新博. 浅谈我国绿色经济发展模式 [J]. 全国流通经济, 2017 (27).

效率。

### （二）严守生态红线，优化城市布局

根据城市资源环境承载力进行科学的宏观布局，在城市空间布局上注重控制人口规模、城市规模的扩张，将城市开发建设的强度控制在生态底线之内，避免工业用地的无序扩张，提高土地利用效率。依托固有的资源禀赋科学划分城市功能区，减少生态区域与工业区域的交叉，最大限度地减轻生产、生活活动对生态环境系统的影响，同时加强对森林公园、湿地公园等城市绿地的保护。

### （三）以环境保护为宗旨，完善绿色城市建设

城市建设中的生态环境问题主要源于交通和建筑领域。推进绿色交通发展，要求在交通基础设施投资和建设中注重衡量资源环境成本，完善公共交通系统，建立以大运量、高速度、绿色、低碳的轨道交通为主的立体化运输体系，将节能型的轨道交通作为大城市的主要客运方式，鼓励新能源汽车的推广应用，降低私人轿车的使用频率。推进绿色建筑发展，要求运用节能建筑材料，特别是在照明、供热方面要注重能源的节约循环利用，以最小化的资源能源消耗满足居住需求，以尊重自然规律为前提规范城市建设，推进生态系统修复工作，维护城市自然进化能力。此外，还应以"系统观念"指导城市建设，统筹城市供水、供电、能源、排污问题，避免重复建设和资源浪费等问题。

### （四）积极探索海绵城市等模式，维护城市生态系统功能

城市生态系统是维持人类基本生存的载体，因此城市绿色经济发展应与城市生态系统相适应，以环保理念为指导，完善城市基础设施建设，拓展城市绿色空间，维护好城市的基本生态功能。为此，应积极探索海绵城市、地下综合管廊城市等模式，保证自然系统与人文系统的有机结合，利用自然力量排水，建设自然存积、自然渗透、自然净化的城市水循环系统，维护城市生态系统功能的完整性，增强城市适应气候变化和应对自然灾害的能力。

### （五）应用互联网+助力绿色经济发展

绿色经济发展模式的构建要积极依靠互联网+技术，目前来说互联网+技术已经在各个行业和领域得以较为普遍地应用，应充分发挥出互联网+在绿色经济发展中的优势和作用。现阶段，互联网技术和信息技术已经在很大程度上融入工业、农业以及服务业中，工业生产借助于物联网技术特别是大数据和云

计算技术获取丰富的信息资源，有效促进了生产效率的提升，优化了生产流程。比如说化工生产能够依靠物联网技术和云计算来获取所需材料，进而防止出现资源浪费；农业能够利用物联网监控技术来全面监控作物的实际生长状态；能够看出互联网+技术的发展已经在很大程度上促进了各行业领域的发展，在绿色经济发展模式的构建过程中起到了十分关键的作用。当前国家政府提出了要建立全球开放和共享的互联网，也有大部分绿色机构和社会组织开始利用互联网+推进绿色经济建设，让绿色经济建设更为高效。[①]

（六）构建城市发展的绿色绩效考核体系

改变单纯以经济增长指标度量城市发展水平的方式，建立涵盖"五位一体"建设的系统性综合考核指标，关注城市的宜居度，将生态环境质量、居民健康水平作为城市发展的重要考核内容，探索编制自然资源资产负债表，建立以绿色GDP为核心的绿色核算方式和政治绩效考核制度，科学考量城市建设的生态环境成本，严格执行环保"一票否决"制度，以绿色化的绩效考核制度促进城市发展质量的提升。[②]

（七）积极进行绿色化人才的培育

绿色经济发展离不开人才培育，应当构建绿色化的产学研合作体系以及绿色化的人才培养体系，促进对绿色化人才的有效培育，为绿色经济发展提供良好的人才保障。应当加强政府、高校、企业、科研院所等之间的联系，做好分工与协作，对产学研合作体系进行构建与优化。政府应不断提升自身在绿色技术方面的研发投入，构建科学的风险分担机制和利益补偿机制，并进行专项基金的设立，以对绿色经济企业技术创新进行补助。还要鼓励企业与高等院校、科研院所等进行合作，形成合作生态，共同面向绿色技术开展对应的创新活动。与此同时，行业协会等也要积极发挥中介作用，结合市场情况构建绿色技术交流平台，对绿色技术引进渠道进行完善，不断推动绿色化成果转化。另外，还要对绿色创新人才培养机制进行健全，通过选拔、评价、激励等制度的运用培养一批绿色技术专家团队，解决绿色经济发展人才欠缺的问题。[③]

---

[①] 仲佳峰，韩益庭. 中国绿色经济发展模式构建研究［J］. 新商务周刊, 2019（1）.
[②] 李萌，潘家华，钱易总. 城市发展转型与生态文明建设［M］. 北京：中国环境出版集团有限公司, 2021：56.
[③] 何昌燕. 新常态下我国绿色经济发展模式的几点思考［J］. 企业改革与管理, 2020（16）.

# 第二章 绿色经济的运行形式与机理

绿色生产和绿色消费相互吸引、相互促进，二者在政府搭建的绿色经济平台中有序运行，逐渐完成由浅绿色向深绿色的转化，实现更高一级的绿色经济。在可持续发展日益成为世界主题背景下，实施绿色营销战略，树立企业绿色营销和品牌形象是企业形成核心竞争力、获得竞争优势的重要途径之一。它有助于企业顺利进入国际国内市场，有利于提高企业的经济效益。绿色市场经济发展是以有效的环保发展为前提的，企业需要加强消费的应对效果，明确实际利益的发展标准，加快可持续稳定建设步伐，营造合理的绿色产业营销环境，为人类的良好生存建立适宜的环境。绿色经济是经济发展的必然途径与模式。本章主要论述了绿色生产、绿色消费、绿色营销、绿色市场等内容。

## 第一节 绿色生产

### 一、绿色生产的内涵

绿色生产不仅包括企业生产，同时还应包含农业生产等其他产业，因此，在某种程度上又可以说绿色生产的概念是广义的，其基本内涵就在于：

（一）绿色生产是节约资源和能源的生产

使用绿色原材料，就是指在原材料的选择使用上要充分考虑原材料的毒性、环境影响、可回收性、可再生性以及获取原材料的能源强度等。而使用绿色能源则包括两个方面的内容：一是采用节能的新工艺节约能源，并充分使用清洁能源；二是研发并使用可再生资源及能源，大量回收废弃物并综合利用，以最大限度地提高资源与能源的利用效率。

## （二）绿色生产是环境友好型的生产

研发使用绿色技术应包含两个方面的内容：一是绿色产品的创新，即开发节约原材料与能源、少用稀有物资的产品，使产品在使用过程中和使用之后尽可能少危害或不危害自然环境与人体健康，且在功能完结之后能够易于回收利用和再生；二是绿色工艺的创新，包括减少生产过程中污染产生的清洁生产技术和末端治理技术两个方面的创新。

## （三）绿色生产是践行绿色理念的生产

实施绿色生产，就是将绿色理念贯穿于生产、经营以及服务的全过程，尤其是要实行两个方面的管理创新：一是绿色供应链的管理，即将系统与整合的思想引入供应链的管理中，强调管理不仅是生产环节的问题，更是一个涉及从资源获得到最终消费的全过程的系统问题；二是学习借鉴国外先进的企业管理经验，遵循"4R"原则，并把环境保护纳入企业决策的要素之中。

## 二、绿色生产的特点

绿色生产是在总结多年污染管理实践与末端治理经验的基础上提出的一种全新的创造性生产模式，它克服了传统生产模式的诸多弊端，是对传统生产模式的一种变革，也是21世纪工业生产的基本模式。与传统生产模式相比，绿色生产的基本特点是：低消耗、低污染、高产出，实现经济效益、社会效益与环境效益相统一。具体表现在以下几个方面：

（1）绿色生产是从源头上防止污染物的产生。绿色生产是从原材料开始到生产全过程直至产品最终处置的整个生命周期中控制和消除污染物的产生，使其对人体和环境不产生危害或将危害减少到最低限度，是一种全方位的环境保护。

（2）绿色生产是尽量使用无污染或低污染的原料，反对使用有毒、有害或难降解的化学原料，以减少对环境的压力和风险。

（3）绿色生产提倡生产过程中废物的再循环利用，变废为宝、化害为利，以节约资源和能源。

（4）绿色生产鼓励采用先进的生产工艺与设备，以降低能耗，节约原料，提高产品的生产率，降低成本，减少污染物的排放。

（5）绿色产品使用寿命终结后，具有一定的可回收性和可降解性，不会对环境造成再次污染或潜在威胁。

（6）绿色生产十分重视加强和不断完善企业的管理，有一套行之有效的绿色生产规章制度和操作规程，以监督和保障其顺利实施。

（7）绿色生产的具体实践是依靠不断丰富和逐渐完善的各种绿色生产工具。

（8）绿色生产要求将环境因素纳入服务设计和所提供的服务中。

（9）绿色生产是一项复杂的系统工程，它贯穿于产品的设计、生产、服务直至报废的全过程，不仅需要先进的技术与设备，还需要全社会环境意识的提高。[①]

## 三、绿色生产的关键环节——清洁生产

### （一）清洁生产的内涵

不断采取改进设计、使用清洁的能源和原料、采用先进的工艺技术与设备、改善管理、综合利用等措施，从源头削减污染，提高资源利用效率，减少或者避免生产、服务和产品使用过程中污染物的产生和排放，以减轻或者消除对人类健康和环境的危害。

清洁生产概念包含四层含义：一是清洁生产的目标是节省能源、降低原材料消耗，减少污染物的产出量和排放量；二是清洁生产的基本手段是改进工艺技术、强化企业管理，最大限度地提高资源、能源的利用水平和改变产品体系，更新设计观念，争取废物最少排放及将环境因素纳入服务中去；三是清洁生产的方法是排污审计，即通过审计发现排污部位、排污原因，并筛选消除或减少污染物的措施及产品生命周期分析；四是清洁生产包含两个全过程控制，即生产全过程和产品整个生命周期全过程。清洁生产谋求达到两个目标：一是通过资源的综合利用、短缺资源的代用、二次资源的再利用以及节能、节料、节水，合理利用自然资源，减缓资源的耗竭；二是减少废料和污染物的生成和排放，促进工业产品在生产、消费过程中与环境相容，降低整个工业活动对人类和环境的风险。清洁生产的终极目标是保护人类与环境，提高企业自身的经济效益。

清洁生产概念是西方国家在总结工业污染治理经验教训后提出来的。清洁生产，从环境保护的角度看，它是国际社会在工业污染治理经验教训的基础上提出的一种环境预防的战略措施。从生产发展的角度看，它是对传统生产方式

---

① 于少青. 绿色生产方式的理论变革与价值旨归 [J]. 江苏大学学报（社会科学版），2023（3）.

的根本变革。随着清洁生产实践的不断深入，其定义一再更新，不仅适用于生产过程的污染防治，而且其原则和方法又逐步扩展到服务、产品过程，向着产品和服务生命周期的全过程控制发展，并在全方位冲击影响着环境保护、社会经济、法治建设、宣传教育、金融贸易、消费行为等各个领域，朝着建立"循环经济"和"循环社会"推进。[①]

### （二）清洁生产的内容

1. 清洁的原料和能源

清洁原料的第一个要求是可以在生产中被充分利用。如果选用纯度高的原材料，则杂质少、转换率高，废物的排放量相应减少。第二个要求是清洁的原料中不含有毒、有害物质。如果原料内含有毒、有害物质，在生产过程和产品使用中就会产生毒害和环境污染。清洁能源是指新能源的开发以及各种节能技术的开发利用、可再生能源的利用、常规能源的清洁利用等。

2. 清洁的生产过程

将生产过程中可能产生的废物减量化、资源化、无害化，甚至将废物消灭在生产过程中。要尽量选用少废、无废的工艺和高效的设备；尽量减少或消除生产过程中的各种危险性因素，如高温、高压、低温、低压、易燃、易爆、强噪声、强振动等；采用可靠和简单的生产操作和控制方法；对物料进行内部循环利用；完善生产管理，不断提高科学管理水平。

3. 清洁的产品

就是有利于资源的有效利用，在生产、使用和处置的全过程中不产生有害影响的产品。产品设计应考虑节约原材料和能源，少用昂贵和稀缺的原料；尽量利用二次资源作原料；产品在使用过程中以及使用后不含危害人体健康和破坏生态环境的因素；产品的包装合理；产品使用后易于回收、重复使用和再生；产品的使用寿命和使用功能合理。

清洁生产包含两个全过程的控制：一是产品的生命周期全过程控制，即从原材料加工、提炼到产品产出、产品使用直到报废处置的各个环节采取必要的措施，实现产品整个生命周期资源和能源消耗的最小化。二是生产的全过程控制，即从产品开发、规划、设计、建设、生产到运营管理的全过程，采取措施，提高效率，防止生态破坏和污染的发生。清洁生产的内容既体现在宏观层次上的总体污染预防战略之中，又体在微观层次上的企业预防污染措施之中。在宏观上，清洁生产的提出和实施使污染预防的思想直接体现在行业的发展规

---

① 张俊安. 畜禽养殖业清洁生产［M］. 长春：东北师范大学出版社，2018：13.

划、工业布局、产业结构调整、工艺技术以及管理模式的完善等方面；在微观上，清洁生产通过具体的手段措施达到生产全过程污染预防的目的。①

（三）清洁生产的特点

1. 预防性

清洁生产突出预防性，体现对产品生产过程进行综合预防污染的战略，抓源头、抓根本，通过污染物削减和安全回收利用等，使废弃物最小化或消灭于生产过程之中。

2. 综合性

清洁生产贯穿于生产组织的全过程和物料转化的全过程，涉及各个生产环节和生产部门，要从综合的角度考虑问题，分析到每个生产环节，弄清各种因素，协调各种关系，系统地加以解决，既以预防为主，又强调防治结合、齐抓共管、综合治理。

3. 战略性与紧迫性

清洁生产是在全球工业污染泛滥成灾的关键时期提出来的，是降低消耗、预防污染、实现可持续发展的战略性大问题，绝不可等闲视之，要从战略的高度去认识它、对待它，强调实施清洁生产的紧迫性。

4. 长期性与动态性

清洁生产是一个长期的运作过程，不可能一下子完成，要充分认识到它的艰巨性、复杂性和反复性，要坚持不懈、永久运作。同时要认识到清洁是与现有工艺产品相比较而言的，随着科学技术的发展和人们生活水平的提高，需要不断提升清洁生产的水平，不断改进和完善清洁生产技术。②

## 第二节　绿色消费

### 一、绿色消费的内涵

绿色消费是人类为了与自然协调发展保护自身生存环境而提倡的一种新型消费模式。它指为了满足人们的生态需要，选择符合环境保护标准的商品和劳

---

① 宋伟，张城城. 环境保护与可持续发展［M］. 北京：冶金工业出版社，2021：220.
② 吴拓. 现代企业车间管理［M］. 北京：机械工业出版社，2019：185.

务,是一种具有生态意识的、高层次的理性消费意识,要求人们的消费活动有利于环境保护、资源利用和人类整体素质的提高,它体现了消费者科学的道德观、价值观和人生观。

国际上公认的绿色消费有三层含义:一是倡导消费者在消费时选择未被污染或有助于公众健康的绿色产品;二是在消费过程中注重对废弃物的处置;三是引导消费者转变消费观念,崇尚自然、追求健康,在追求生活舒适的同时,注重环保、节约资源和能源,实现可持续消费。

## 二、绿色消费的特征

(一)绿色消费是理性消费

如何评价合乎理性和道德的消费行为,可以从三个因素来分析:

(1)个人的消费行为和内容是否有益于人的身心健康,是否符合人的全面发展的需要。

(2)个人的消费目标和利益的实现是否损害他人的目标和利益的实现,即一个人的消费行为有没有妨碍他人的学习、生活、健康和安全,损害他人利益的消费行为就是不道德甚至是不合法的行为。

(3)个人的消费行为是否败坏社会风气,损害社会利益,影响社会风尚。

首先,绿色消费与适度消费紧密相连,是与现阶段生产力状况和社会经济发展相适应的,因而更符合道德原则与审美意识,有益于社会、环境的和谐,有益于人的身心健康;

其次,绿色消费注重生态价值导向,人们对生态生活的追求是人类健康生存、自由发展的前提和基础,因而符合人类本性和人的全面发展需要,使我们的生命更具有质量和意义;

第三,相对于物质型消费和精神型消费而言,绿色消费更注重精神型消费。因为人的精神、灵魂等心理建构会促使人类在生命的更高层次上提升自己。我们的生活目标不仅仅是越来越高的物质享受,而应该加上更高的道德水平以及更高的文化素养。消费应成为人类一种有意义的、有人情味的、创造性经验。

(二)绿色消费是公平消费

消费公正指消费主体在消费自然资源和物质资料时,应充分考虑到其他消费主体的消费权益和消费活动对自然的影响。消费公正应包括代际消费公正与代内消费公正两大层面，不公正的消费行为理应受到伦理的谴责。就代内公平而言，在自然面前，人类是一个利益共同体，所有人尽管国籍不同，种族不同，民族不同，但在"只有一个地球"问题上都是平等的。因而要求国与国之间、人与人之间应以一种平等公正的关系共同履行对地球的责任，不能单纯地从一己私利出发，对生态资源进行破坏性开采和利用，损害人类共同的、长远的利益。

就代际消费的公正与平等而言，生态伦理认为，人类要在地球上生存、发展、繁衍，就要充分考虑子孙后代的利益，可持续发展观的内涵就是当代人在满足其需要的同时，不能对子孙后代满足其需要的能力构成威胁。当代人应尽可能给后代人留下更广阔的生存和发展的条件和空间。另一方面也要注意当代人的合理权益，如果因照顾后代人的消费而消极克制当代人的消费，也会由于消费需求的不平等而扼杀当代人在环境开发与利用上的能动性，重新使人沦为环境盲目性的奴隶。

绿色消费承认后代人与当代人享有平等的生存与发展的权利，要求我们在进行生活消费时，以维持整个人类的长远生存利益和根本利益为道德准则，保障后代享用能持续生存下去的自然环境和资源。

### （三）绿色消费是可持续消费

绿色消费顺应了人与自然、社会经济发展与自然环境协调发展这一趋势。绿色消费要求在承认并尊重生物和自然界价值的基础上，承认并尊重生物和自然界的生存权利，把人以外的其他生物当作人类的朋友和伙伴，与它们共享地球与生态资源，以维持人与其他生物的共同生存，促进整个地球生态系统的平衡，从而改变"人类中心论""万物皆备于人"的传统观念，重新确立人对自然的道德准则，把了解、尊重、爱、友谊、责任、权利与义务等运用到改造自然的活动中，真正达到生态环境与社会的可持续发展。

绿色消费实际上是一种综合考虑环境影响、资源效率、消费者权利的消费模式。具体来说，从消费对象上，要求消费者选择的是未被污染或有益于公众健康的绿色产品。从消费过程来看，节约资源、注重环保、注重生态平衡及其良性循环。从消费结果看，本着自然、健康的原则，对自己有益，对他人无害，同时对环境不会产生负面影响，最终实现可持续消费。在这种绿色消费模式下，要求消费终端避免产生垃圾并对已产生的垃圾进行分类回收利用，使得垃圾成为只是放错地方的资源，促使整个社会的资源循环利用。因此，绿色消费是一种顺应循环经济发展的消费模式。

绿色消费不仅要求处理好人与人之间、人与社会之间的关系，还要求处理好人与自然之间的关系，体现了可持续发展的要求，其结果能够保持社会、经济、环境、生态、资源、人口等的协调平衡，避免自然对人类的惩罚。[①]

### 三、绿色消费的意义

**（一）绿色消费是生态环境问题的解决路径之一**

随着人类社会的发展，生活条件日益改善，但与此同时，也面临着严重的环境污染问题。小到生活污水排放、垃圾随意丢弃，大到重工业重污染企业对大气和土壤的破坏。人类在从大自然攫取自然馈赠的同时，却因为过度放牧，过度开采矿产、水产、森林等资源，造成了资源的急剧减少、生物物种的灭绝等不可逆的环境破坏和环境污染。工业文明的黑色经济模式带来了一系列环境问题。

1. 关于生态环境问题的经济学思考

由于经济学的发展观是以物质财富的增长为核心的，以经济增长为唯一目标，工业文明给我们带来了深远负面影响，如人口膨胀和资源衰竭两种危机交织并存；全球资源分配不均，代内不公平；危及后代人对生态环境资源的需要，生态赤字；社会财富分配不均，两极分化加剧。私人利益的日益增长是以公共环境和生活总质量的恶化为代价的。

由此可见，工业文明经济发展观完全忽视了现代经济社会的发展的前提条件是维持自然生态财富（即生态资本存量）的非减性，完全否定了自然资源和自然环境的承载力即生态环境支撑能力的有限性，完全违背了经济持续增长和物质财富日益增加要以生态环境良性循环为基础的这个铁的法则。产生至少关乎人口、粮食、能源、资源、环境危机五方面的重大问题。

2. 关于生态环境问题的哲学思考

人作为主体，其一切活动都离不开所处的环境，人与环境的关系就像主体和客体、思维和存在的关系，紧密相关。生态文化、人与自然伦理道德的提出，则认为解决环境问题一靠道德，二靠技术。部分少数民族的生态道德是通过禁忌、乡规、民俗、神话传说等来实现的。环境问题的矛盾主要来源于人类自我欲望的膨胀与资源有限性的矛盾，是在竞争条件下对自然资源的无序掠夺造成的。要解决这一矛盾，则要求改变目前病态的社会生产模式和消费模式，努力发展人类之间和谐相处、相互协调的互助合作关系，建立人类与自然友好

---

① 陈延桐，张昭. 构建绿色消费模式的路径 [J]. 经济研究导刊，2023（3）.

和平的相依相存关系。

3. 关于生态环境问题的生态学思考

（1）环境是人类生存所依赖的资源库。从功能和作用的角度来看，环境就是人类或生物生存所需要的条件和各种物质资源的总和，而环境的能力并非无限的"供应库和生存空间"。（2）环境问题的产生是人类社会发展的产物。人类与环境的关系实际上是一种依赖和相互制约的关系。环境问题的产生是伴随着人口的增长和生产力的发展而产生的。应摒弃"人是自然界的主宰者"，树立"人也是自然界的一员"的新观念。（3）人类面临的环境问题是相互联系、相互制约的。客体对主体需求的提供并不是无偿的，主体的"索取"应该与对客体的"偿还"实现等价，否则就是生态平衡失调。

不论从经济学、哲学还是生态学来看，环境问题的发展和变化关键在于人类。消费和生产构成经济活动的主要过程，消费涉及城乡居民、企业和社会团体各主体，消费和生产方式体现了发展和生活方式的主要方面。人类具有自我控制的能力，能够主动调节与自然界的关系并使之和谐。当生态系统的结构受损、功能衰退、种群空间缩小、土壤污染的时候，首先就应该保护生物资源，重视生命成分在维持生物圈正常运行中的地位和作用，以增强生态系统自净能力和稳定性为出发点和着眼点来考虑各种措施和途径，绿色生产与消费成为必然的选择。绿色消费注重勤俭节约，减少损失浪费，选择高效环保的产品和服务，降低消费过程中的资源消耗和污染排放。

（二）绿色消费是生态文明理念的具体表现

生态文明强调推进消费方式的绿色化，即对自然生态结构、功能无害（或较少有害）的消费方式，它是在满足人的基本生存和发展需要的基础上、以维护自然生态系统的平衡为前提的一种可持续的消费方式。"合度""合宜""合道"的消费方式，其价值诉求则是要实现消费的经济合理性、生态合理性与伦理合理性。

我国人口众多，面临着资源储量不足、生态承载力有限和环境容量有限等问题。近年来，随着经济较快发展、人民生活水平不断提高，我国已进入消费需求持续增长、消费拉动经济作用明显增强的重要阶段，绿色消费等新型消费具有巨大发展空间和潜力。与此同时，过度消费、奢侈浪费等现象依然存在，绿色的生活方式和消费模式还未形成，加剧了资源环境瓶颈约束。一方面，目前，我国绿色消费产品供给不足，无论是绿色食品、节能产品、绿色建筑、公共交通还是环保标志产品，规模都较小，尚未成为衣食住行必需消费品的主流；另一方面，需求方对绿色消费品选择的意愿增长较快。少开一天车，节约一杯水，垃圾分类投放……越来越多的公民开始践行绿色生活方式和消费理念，保护生态环境、建设美丽中国的共识度在不断提升。这既是传承中华民族勤俭节约的传统美德，弘扬社会主义核心价值观的重要体现，也是顺应消费升级趋势，推动供给侧结构性改革，培育新的经济增长点的重要手段，更是缓解资源环境压力，加强生态文明建设的现实需要。①

## 第三节 绿色营销

### 一、绿色营销的内涵

"绿色"的含义是多方面的，既不能简单地认为"绿色＝植物＝农产品"，也不能将绿色理解为"纯天然""回归自然"的代名词，它泛指保护地球生态环境的活动、行为、计划、思想和观念等。具体地讲，绿色的含义包括两方面内容：一是创造和保护和谐的生态环境，以保证人类和经济的持续发展；二是依据"红色"禁止、"黄色"示警、"绿色"通行的惯例，以"绿色"表示合乎科学性、规范性、能保证永久地通行无阻的行为，彰显其"生命力"和"活力"。

所谓绿色营销是指企业以环境保护和生态平衡理念作为其经营哲学思想，以绿色文化为其价值观念，把消费者利益、企业利益、社会利益和环境利益四者有机结合统一起来的有利于人类社会可持续发展的一种新型的营销活动过程。

上述定义强调了绿色营销的最终目标是可持续发展，而实现该目标的准则是注重经济利益、消费者需求和生态环境保护的统一。所以，企业无论在战略管理还是战术管理中，都必须从促进经济可持续发展这个基本原则出发，在创造及交换产品和价值以满足消费者需要的时候，注重生态环境的要求，保持自然生态平衡和保护自然资源，为子孙后代留下生存和发展的空间。实际上，绿色营销是人类环境保护意识与市场营销观念相结合的一种现代市场营销观念，也是实现经济持续发展的重要战略措施，它要求企业在营销活动中，要注重地球生态环境的保护，促进经济与生态的协同发展，以确保企业的永续性经营。

---

① 《文化旅游管理创新与产业发展实务》编委会．文化旅游管理创新与产业发展实务 第2册[M]．北京：光明日报出版社，2021：1154-1155．

绿色营销以"绿色"为中心，其内涵有以下四个方面的表现：

（1）市场营销的观念是"绿色"的。它以节约能源、资源和保护生态环境为中心，强调污染防治、资源的充分利用、新资源的开发和资源的再生利用。

（2）绿色营销企业的所属产业是绿色的，或者说其生产经营的产品是绿色的（如无烟工业）。其产业或产品应该有节约能源、资源，或新型资源利用，或促使资源再生利用等特点。而一般企业如钢铁厂、石化厂防止污染和对"三废"的整治只能算作"绿色措施"，而不能算作一种完备的绿色营销（但并不否认这些"有烟工业"应该采取绿色营销行为）。

（3）绿色营销强调企业服务的不仅是顾客，而且还包括整个社会；考虑的不仅是近期，还包括远期。

（4）绿色营销不仅要从大自然界索取，更要强化对大自然的保护，即企业从生产技术的选择、产品的设计、材料的采用、生产程序的制定、包装方式的确立、废弃物的处置、营销策略的运用直到产品的消费过程，都必须注意对环境的影响，体现市场营销过程中全方位的"绿色"形象。

## 二、绿色营销的特征

绿色营销与传统营销相比，主要有以下几个方面的特征：

（一）绿色消费及追求可持续消费是开展绿色营销的前提

消费需求由低层次向高层次发展，是不可逆转的客观规律，绿色消费是较高层次的消费观念。

人们的温饱等生理需要基本满足后，便会产生提高生活综合质量的要求，产生对清洁环境与绿色产品的需要。

当前人类已经进入了环保时代，环保时代的性质要求人类社会的发展、经济的增长必须控制在自然资源和环境能够支撑和实现的范围内，即人类必须实行可持续消费。

据此，绿色营销要求在可持续消费的前提下实施营销活动，即营销的目标应当在追求充分满足消费者的需求的同时，提高消费的质量、减少物质消费的数量、降低人类资源的耗费程度，使消费达到可持续增长的要求。

可以说，绿色营销目标的实现是通过"少即多"（即减少消费的物质占有量，提高消费的满足度）原则的实施而实现的。为此，就需要对企业传统营销活动及营销技术做出重大变动，使之与绿色营销的目标相适应。与此同时，要减少除了使消费者满意之外的任何事务,如减少原料和能源的耗费、减少生产和消费过程中的污染、减少废弃物、减少消费品的包装,以及减少企业的管理费用等等,达到可持续消费的目的。

(二)绿色观念是绿色营销的指导思想

绿色营销以满足需求为中心,为消费者提供能够有效防止资源浪费、环境污染及损害健康的产品。

绿色营销所追求的是人类的长远利益与可持续发展,重视协调企业经营与自然环境的关系,力求实现人类行为与自然环境的融合发展。

以绿色营销理念为指导可以从以下四个层次来进行:

1. 在生产时避免产品不利于环境保护的因素

企业在进行产品策划时,必须尽量避免产品不利于环境保护的因素,要选择符合环保要求的生产原料和制作工艺。

2. 在使用时减少产品不利于环境保护的因素

在产品的使用和消费过程中,要引导消费者尽量减少或降低对环境造成的负面影响。比如企业建立废容器回收再生产和再利用体系,引导消费者分类回收等。

3. 降低产品原材料和包装物的消耗

产品及其包装的设计,要从降低原材料的消耗出发,减少产品耗材及包装的残余物,比如:用纸盒包装牛奶代替塑料容器。

4. 在商品的软体服务中树立环境保护的观念

要将环境保护观念融入商品的软体服务(如:产品观念、产品设计观念、产品形体和售后服务观念)之中。

(三)绿色体制是绿色营销的法治保障

由于在绿色营销中引入了企业的"社会责任"要求,因此,企业在满足消费者需要的同时,其行为还必须符合环境保护的要求、符合社会合理有序发展的要求。

当消费者的需求与社会的需求相冲突时,企业的营销不能损害社会利益,不能破坏人类环境的良好状态,而应当妥善处理好消费者需求与社会需求的矛盾,协调好两者的关系。

在20世纪70年代产生的社会营销观念,虽然也提出了企业在满足消费者需要的同时也应当满足社会的需要,但是绿色营销在引入环保观念以后,"社会"这一概念的内涵扩大了,它强调要从生态环境的角度来认识"社会",将生态需求置于人类需求之中，维护全社会的长远利益。

所以绿色营销是着眼于社会层面的新观念，所要实现的是人类社会的协调持续发展。在竞争性的市场中，必须要有完善的政治与经济管理体制，制定并实施环境保护与绿色营销的方针、政策，制约各方面的短期行为，维护全社会的长远利益。

（四）绿色科技是绿色营销的物质保证

技术进步是产业变革和进化的决定性因素，新兴产业的形成必然要求技术进步，但技术进步如果背离绿色观念，其结果有可能加快环境污染的进程。

只有以绿色科技促进绿色产品的发展、促进节约能源和资源的可再生、促进无公害绿色产品的开发，才是绿色营销的物质保证。①

### 三、绿色营销的意义

（一）宏观层面的意义

在宏观层面上，绿色营销主要有以下几个方面的意义。

1. 绿色营销有利于建立生态社会

人类社会与自然的和谐互动是可持续发展的前提条件。企业开展绿色营销，有利于环境保护，有利于社会与自然环境的和谐，促进社会、经济的可持续发展。从某种意义上讲，自然资源具有稀缺性，绿色营销有利于促进稀缺资源的更有效利用和合理配置，提高使用效率，促进经济发展。因此，绿色营销有利于建立生态社会，促进人类社会全面、稳步、长远和健康发展。

2. 绿色营销有利于促进"绿色政治"

"绿色"组织促使政治活动也带有绿色的色彩，从而促进了环保事业的蓬勃发展。"绿色"已成为一个人类共同的话题，是联结不同人群、不同民族、不同国家与地区之间的关系纽带，促使不同阶层、不同职业、不同肤色、不同国家的人们，为了共同的环保事业，为了保护人类共同的家园——地球村，同舟共济，通力合作。无国界或超越国界是绿色营销发展的趋势之一。

3. 绿色营销推动了绿色文化的发展和绿色文明进步

人们通过绿色营销活动，能更加直接地参与到"企业—环保—社会发展"协同关系模式之中，有利于感受人与自然与社会协调发展所带来的高品质生

---

① 崔自三. 绿色营销：撬动未来收益 [J]. 光彩，2023（1）.

活，促进绿色文化形态的形成和弘扬以及进一步发展。

近百年来，人类社会在经济上有了长足发展，为广大消费者提供了丰富的物质财富和物质享受，为企业带来了巨额商业利润。然而，从某种意义上讲，这一切都是以自然环境遭到污染，自然资源和自然生态平衡遭到破坏为代价的。由于传统经济中人们只重视劳动力和资本在经营活动中的作用，忽略自然环境及资源的重要性，造成人们对自然资源的过度开发，甚至是掠夺性开发。目前，由于人类生产与生活活动已严重威胁着人类生存环境的良性循环，保护自然环境与资源，治理环境污染，实施可持续发展战略已势在必行。传统经济模式下的物本经济已逐渐开始或已经被知识经济所取代，以至于向追求"共生共赢"之普知识经济发展。现代经济在重视劳动力、资本的同时，重视环境保护与资源保护在经营活动中的重要作用，强调经济发展与人口、资源、环境相协调，以保证社会实现良性、循环、长远发展。

4. 绿色营销有利于可持续发展战略的实施

在宏观方面，绿色营销要求政府重视制定和实施可持续发展战略的总体目标、方针及具体实施方法；在微观方面，它要求各类企业将营销活动同自然资源、环境、社会发展相联系，使企业的营销活动有利于生态环境良性的循环发展，绿色营销则是企业从可持续发展战略的高度实施可持续经营方式的具体体现。

（二）微观层面的意义

在微观层面上，绿色营销主要有以下几方面的意义。

1. 绿色营销有利于企业提高竞争力

随着消费者绿色意识的增强，绿色消费正逐渐成为一种时尚，市场潜力巨大。面对来自各方面的竞争压力，绿色营销有利于为企业树立良好的绿色形象，促进企业的长远发展。21世纪的企业面临着一系列挑战。首先，面临来自宏观自然环境方面的压力。例如，保护生态环境运动的压力，政府规范化对环保立法的压力等，驱使企业必须树立环保观念，发展绿色营销。其次，面临绿色消费需求剧增的压力。企业只有顺应消费者的绿色消费需求，才能满足顾客，留住顾客、赢得顾客，才有利于占领市场和扩大市场。第三，市场竞争中优胜劣汰规律的作用，促使企业必须改变经营观念。积极开展绿色营销是企业在激烈竞争市场环境中生存、发展的途径。

2. 绿色营销有利于提高人们的生活质量或品质

企业实施绿色营销，有助于减少环保公众因企业对环境破坏问题而对政府所施加的压力。因此，对政府而言，在治理环境事业方面有了分担者。企业绿色营销行为，有利于改善公众的生活环境。对消费者个体而言，其绿色需求可以从绿色营销中得到满足，有利于消费者身心健康，提高生活质量。

绿色营销具有自然价值或生态价值和社会价值，能产生良好的环境效益、经济效益和社会效益。因此，开展绿色市场营销，提高全民族的绿色意识，推动适度消费，推动清洁生产和企业绿色文化的建设，促进企业的国际化经营，有利于促进企业、消费者与自然环境以及社会环境的协调发展，实现生态、经济和社会的可持续发展。

## 第四节　绿色市场

### 一、绿色市场的内涵

绿色市场是一个全新的概念。我们试图依据市场的一般含义和可持续发展理论，对绿色市场进行界定。

从绿色营销的角度看，我们认为，绿色市场可以从两个层面进行界定。

首先是从绿色营销的对象角度，可以把绿色市场界定为绿色商品的购买者或购买集团的总和。这里所说的绿色商品的购买者或购买集团是指具有绿色需求的、实施绿色商品购买或潜在的顾客（买主）。在此情况下，绿色市场＝人口（具有绿色需求）+购买力+购买欲望（对绿色商品）。

其次是从绿色营销的直接环境角度，可以把绿色市场界定为一个与现代市场经济相联系，由各种绿色市场要素组成的，体现可持续发展特征和要求的，绿色商品交换所反映的经济关系和经济活动现象的有机统一整体。显然，这一界定中的市场是广义的市场。它的内涵既包含了绿色营销的对象，还包含了绿色营销的场所和环境。

### 二、绿色市场的特征

绿色市场具有一般市场的各种特征，同时又具有独特的个性。

第一，绿色市场体现可持续发展的特征和要求。这是绿色市场最本质的特征，也是与一般市场的基本差别。体现可持续发展的特征和要求，必须具备：首先，该市场上的各类市场主体真正树立了绿色意识，即具有明确的可持续发展的意识，不仅作为生产供应者、商业经营者的企业必须具有绿色意识，消费者和市场管理者同样必须具有绿色意识；其次，在绿色市场上交换的商品必须是真正意义上的绿色产品；再次，市场商品交换的全过程均必须体现可持续发展的要求。商品交换过程是由商流、物流、信息流构成的，包含供求信息沟通、成交洽谈、买卖成交、交货、售后服务以及与此相配套的储存、运输、分类、包装等在内的统一整体。其中的每一个环节均要符合可持续发展的要求；然后，市场运行的结果必须符合可持续发展的要求。从宏观层面上看，绿色市场机制的作用结果必须有利于国民经济的可持续发展，即有利于全社会层面上环境和生态保护、优化配置和节约使用资源、控制人口总量和提高人口素质的开展。从微观层面上看，企业在市场上的生产经营行为和消费者的消费行为均应符合可持续发展的要求。

第二，绿色市场是市场经济发展到一定阶段的产物。市场是社会分工和商品生产的产物。哪里有社会分工和商品生产，哪里就有市场。市场是一个古老而不断发展的商品经济范畴。它产生于奴隶社会末期，以后随着商品经济的发展而不断得到发展。到资本主义社会，商品经济得到高度发展，市场也得到空前发展。绿色市场并非与市场俱来，它是在一定历史条件下才产生的。尽管市场上交换的产品中，早就有实际意义上的可以称得上是绿色产品的商品，但是，一直到20世纪60年代，世界上尚无被明确称之为绿色产品的商品。二次大战以后，由于发展观的偏差，发展战略和发展模式的局限，伴随着社会经济的高速发展，出现了一系列影响和制约社会经济长期健康发展的环境、生态、资源、人口等问题，迫使人类开始反思自己的发展道路，逐渐认识了人类社会面临的发展环境，确立了可持续发展的意识，并付诸实践。现代意义上的绿色产品是在20世纪70年代产生的，据此可以认为绿色市场就此产生。显然，尽管相比绿色营销的历史要早些，但绿色市场的历史也不长。

第三，绿色市场是由各种绿色要素组成的有机统一整体。首先，绿色市场是由市场主体、市场客体、市场载体、市场媒体等要素组成的；各种市场主体的市场行为构成市场的实际运行，同时反映出各种市场关系。其次，绿色市场的构成要素必须全部是"绿色"的。具体来说，绿色市场的主体，即商品生产供应者和商业经营者必须是绿色企业或绿色生产经营者，商品消费者必须是绿色消费者；绿色市场的客体，即在绿色市场上交换的商品必须是绿色产品。绿色产品的生产和交换对绿色市场具有重要意义。同样，市场载体、市场媒体也必须是绿色的。再次，绿色市场是有机统一的绿色整体。市场是一个有机统一的整体，仅有某些绿色环节和绿色要素难以真正称得上绿色市场。绿色市场除了各种市场要素必须是绿色的以外，市场主体从事的各项市场活动，及其它们所体现的各种市场关系也必须是绿色的。①

### 三、绿色产品市场

总的说来，绿色产品市场目前还处于起步阶段，除了绿色食品有一定规模外，其他的绿色产品的发展都较为缓慢，这同绿色产品市场的特点有关。绿色产品市场的发展还需要多方面的共同努力。

（一）绿色产品市场的缺陷

1. 绿色产品市场的规模还比较小

随着可持续发展战略的实施，绿色的理念逐渐深入人心，绿色市场的份额也有逐步扩大的趋势。但在目前，绿色市场仍处在初级发展阶段，其发展受到多种因素的制约。

（1）受到经济发展水平的制约

改革开放以来，我国的经济发展取得了举世瞩目的成就，特别是在东南亚金融危机中和近年来世界经济普遍不景气的情况下，我国的经济被称为是"一枝独秀"。但我们毕竟还是一个发展中国家，大多数人对产品价格较为敏感。由于目前大多数绿色产品的价格还比较高，使得绿色消费主要局限于较高收入阶层，难以在大众中普及。

（2）受到消费者环保意识的制约

一般说来，文化程度较高的群体，其环保意识会强一些，更容易接受绿色消费模式；受教育程度较低的群体对绿色消费的理解及认同度较低，而这部分群体的数量众多，且大多数分布在山区、西部、农村等地区，直接与自然生态环境接触，对环境的影响更大，他们能不能进行绿色消费对我国生态环境保护及绿色经济的发展起着决定性的作用。

（3）受到绿色科技发展水平的制约

绿色市场发展的过程，也就是以绿色产品替代非绿色产品的过程。绿色产品强调的是没有受到工业污染，也不会产生工业污染和生态破坏。但我国产业过去走的是高消耗高污染的粗放型发展道路，现在要向绿色生产转变，要在过去的产业基础上发展绿色产业，因路径依赖效应的存在，难以在短时间内完全转变成绿色的生产。因此，没有受到工业污染的绿色产业在国内尚属于起步阶段，这是与初级发展阶段相适应的。目前我国的生产力水平及科技水平都比较

---

① 束亚芳. 绿色市场经济发展模式研究［J］. 上海商业，2022（3）.

低，尤其是绿色工业品的生产能力和水平都还比较有限，难以提供高质量高水平的绿色产品，很多绿色产品还只是初级产品，就是一些天然产品也由于受到保鲜技术等的限制而不能大量上市，使得绿色产品市场的规模受到了一定程度的限制。

2. 绿色产品价格的构成和运行特点

绿色产品的消费包含着绿色的个人收益和绿色的社会收益两个部分，相应地，绿色产品价格中也包含着个人成本和社会成本两部分，它们有不同的补偿和运行情况。这同绿色产品消费的正外部性难以完全内部化的特点有关。

绿色消费存在着正外部性的特征。绿色消费同一般的消费不同的是：一方面，进行绿色消费可以比进行非绿色消费获得更多的绿色个人收益，如促进消费者身心健康，确保消费者的生活安全，这可以使消费者进行此项消费的额外支出得到一定的补偿；另一方面是绿色消费除了给个人以利益外，还为社会带来利益。也就是说，进行绿色消费可以为整个生态环境与社会的持续发展做出贡献，这是绿色的社会收益，但社会并没有为此而支付，这里的社会成本也是由消费者支付。消费者支付了全部的社会成本，却只是作为社会的一个成员享受了其中的一小部分，其他却得不到补偿，这是绿色消费正外部性的表现。

绿色消费的正外部性影响了消费者的购买决策，进而影响了社会的绿色需求规模。一般情况下，消费者是以其自身能够感受到的个人收益来做出是否购买和购买多少的决策的。由于绿色消费正外部性的存在和不能合理内化，消费者在对绿色消费社会收益的享用与供给上，存在着"囚徒困境"问题和"搭便车"倾向。在市场的价格体系中，最终消费者承担了绿色部分的全部额外成本，而只得到了收益的一部分，因此人们自动选择绿色消费的动力相对不足，相对于最佳需求来说，绿色消费需求是不足的。这样就使得绿色产品的消费量总是小于最佳社会总需求量，而相对小的需求规模决定了较小供给的规模。

虽然绿色产品的消费者都必须为绿色的社会收益而支付，但其支付的意愿则取决于绿色个人收益的大小。消费者从不同绿色产品的消费中所获得的绿色个人利益的大小有所不同，而绿色个人收益直接影响到不同绿色产品的发展规模。相比较而言，消费者从绿色食品中所收获的绿色个人利益就比消费其他绿色产品所收获的绿色个人利益要多得多，并且也更为直接和明显。这种直接的绿色个人利益必然成为驱动消费者选择绿色食品的动力，会不断增大绿色食品的需求，进而有力地推动绿色食品的发展。此外，一些绿色家庭用品的绿色个人收益也是比较明显和直接的，容易为消费者所接受，因此发展也比较快，如绿色家电等。而其他种类的绿色产品的情况则有所不同，消费者从此类绿色产品中所获得的个人利益就不很明显。即使这种绿色消费会给社会带来很大的绿色收益，消费者也不愿意为此而支付。如塑料袋、塑料快餐盒的消费就属于这种情况，尽管许多人都明白治理"白色污染"是非常之必要，但消费者就是不愿意为社会的收益而支付。野生动物消费的屡禁不止也属于这种情况。这种绿色个人收益不明显和直接的绿色产品，显然不可能靠个人利益的驱动而得到发展，它需要社会道德和其他社会力量来推动。对于这种绿色产品的发展，政府的引导十分重要。政府可以通过加强教育宣传，增强消费者与企业维护生态环境与社会利益的责任感，更重要的是通过制定政策来促进市场价格的合理形成，对消费模式进行调控，以刺激绿色需求。

3. 绿色产品市场的信息不对称

在绿色产品市场的运行过程中，存在着多重的信息不对称，这也是绿色市场运行的特点之一。

（二）绿色产品市场的管理措施

绿色产品市场存在着较大的缺陷，在某些方面会失灵，因此它的发展需要政府强有力的管理和引导。首先，政府要加强对绿色消费的宣传和引导，促进消费观念的转变，使绿色消费方式能够为社会各界所广泛接受，促使绿色消费逐渐取代传统的消费模式，并在这种取代过程中推动绿色市场的发展。其次，政府要加强对绿色市场的管理力度，以解决市场信息不对称问题：加强对绿色产品的市场准入管理，以保证进入市场的产品实现真正的"绿色"；加强对绿色商标的管理，以政府的信誉来保证绿色商标的名副其实，使老百姓能放心地消费绿色产品。此外，政府还可以制定促进绿色科技发展的政策，推动绿色生产的发展，以此来提高绿色产品的劳动生产率，从而降低绿色产品价格，从根本上解决绿色产品价格高于一般产品的问题，克服绿色产品的价格劣势，提高绿色产品的市场竞争力。[1]

---

[1] 江世英.基于博弈论的绿色供应链定价及契约协调研究［M］.上海：上海交通大学出版社，2021：23-27.

# 第三章 绿色经济的制度创新

改革开放以来,中国经济在高速增长获得巨大成就的同时,环境形势也日益严峻。未来的中国发展要实现经济增长和环境保护的"双赢",必须改变粗放型增长,从传统的"黑色发展"转向"绿色发展",走出一条新的绿色发展的道路。增长方式的转变首先涉及技术创新和制度创新,技术创新不仅是技术问题,更是一个制度问题,从一定的社会意义上来说,技术创新能力的提升是以社会制度创新能力提升为基本制度前提和保障的。因此,在中国经济发展模式转变过程中,制度创新对于这种转型是相当重要的。本章主要论述了绿色经济发展的制度环境、产权制度创新、激励机制创新、非正式制度安排等内容。

## 第一节 绿色经济发展的制度环境

### 一、转型期绿色经济发展的制度环境[①]

(一)导致环境问题的"市场失灵"和"政府失灵"

20世纪70年代末开始,我国就进入了社会转型期。我国改革开放40多年来的发展,主要是经济总量规模的扩张,在经济质量提升与经济整体素质提升方面尚没有出现明显改善。当今中国正面临着转变发展方式的新的历史课题。目前我国粗放式的经济增长方式并没有根本转变,经济发展中的市场、能源、资源、环境、技术的瓶颈制约日益突出,实现可持续发展遭遇的压力越来越大。缓解和破解这些压力,最终要靠科学发展。而实现科学发展的关键是要

---

① 李永慧,李华晶,庞雅宁,等.绿色发展制度环境、创业活动与经济增长关系研究[J]. 中国科技论坛,2019(11).

形成有利于科学发展的体制机制和有利于科学发展的发展方式。

随着科学发展观的提出，中国已将生态环境保护提升为新世纪的国家发展战略。在世界各国都把发展绿色经济作为实现经济复苏的重大战略举措背景下，中央政府明确提出了大力发展绿色经济和绿色产业，推进中国经济发展的绿色转型，把中国进一步引向绿色增长的科学发展道路。转型时期"绿色发展"的核心思想是指，实行低度消耗资源的生产体系；适度消费的生活体系；使经济持续稳定增长、经济效益不断提高的经济体系；保证社会效益与社会公平的社会体系；不断创新，充分吸收新技术、新工艺、新方法的使用技术体系；促进与世界市场紧密联系的，更加开放的贸易与非贸易的国际经济体系；合理开发利用资源，防止污染，保护生态平衡。简单地说，和谐的、协调的、可持续的科学发展就是绿色经济的发展需要一定的环境和条件，其中最重要的就是制度环境。在中国经济转型时期，发展绿色经济的意义虽然十分明确，但制度环境仍存在一定局限，具体体现在市场失灵和政府失灵两个方面。环境问题上既面临着"市场失灵"的危险，又面临着"政府失灵"的危险，两者共同构成"制度失灵"。

（二）绿色经济发展的博弈行为

外部性存在于任何社会。当今跨国污染现象仍然明显。在发达国家和发展中国家之间的经济交往中，负外部性通常被强加于弱者。例如，污染工厂往往在发展中国家落户，富国将穷国作为堆放有毒废物的场所，等等。当理性的企业发现迁址的成本小于制度约束下发展循环经济、绿色经济所承担的成本时，他们一般会选择将厂址改迁在那些没有生态约束或约束力较小的国家或地区。如果各个国家和企业都以追求各自的最大利益为目的，这就容易产生"公共资源的悲剧"。悲剧的所在是每个国家和企业都被锁定在一个迫使其在有限范围内无节制地利用生态的制度中。众所周知，环境净化能力和承载力是有限的，当生态的包袱日益沉重并逐渐不堪承受人类的经济活动时，生态环境将成为每个国家进一步发展的瓶颈，因此，最终所有的国家都应该而且必须选择合作。

我们把地球生态称为大生态系统，国家生态称为小生态系统。在不完全信息的条件下，假如所有的国家开始达成一致意见，都选择发展绿色经济，并在国际上制定针对企业具有约束行为的标准制度，由于发展中国家的大部分企业刚刚起步，规模较小，国际市场占有率低，在制度的限制下将会面临失去市场、丧失竞争力的危险，容易使刚刚起步的民族工业胎死腹中，这对发展中国家的经济发展来说无疑是极其不利的。这时，如果有个国家认为应该优先发展，追求国内生产总值的高速增长，而暂不考虑生态，不注重培育和发展绿色生态经济，且认为其他国家都会选择合作，自身的行为对大生态系统影响不是很大，对自己国家的小生态系统在长期可以通过发达的经济实力和水平修复而不选择合作，那么它不仅能够培育本国工业的发展，而且还可因为比其他国家低的市场约束而吸引外国企业的进入，从而加速本国经济的发展。最终，其他国家也有可能做出同样的选择。结果是，国际合作和统一标准范式就很难得到推广。在这场博弈中，只有每个国家都从未来长远发展考虑，达成绿色经济发展的共识，才有可能在国际范围内形成合作，最终推动全球绿色经济的发展。

发展绿色经济是一场涉及经济社会各领域、生产生活方式各方面的深刻变革，在这场深刻变革中，标准化具有不可替代的重大支撑作用，是衡量绿色经济发展方式转变的重要标尺。中国是一个发展中的国家，改革开放以来，经济的高速发展引发的外部性问题尤为严重，企业超标排放严重污染了环境。社会对企业污染排放会有两种反应：要么听之任之；要么督促企业拿钱出来进行污染治理。如果公众听任企业污染排放，企业环境成本就由社会来承担，在这种免费排放的情况下，污染的这部分成本被转移到了企业"外部"。如果企业迫于社会压力愿意购买污染处置设施，愿意投资进行污染治理，这种在治理中产生的成本会在产品价格中体现出来，并在企业"内部"得到体现。因此，企业在是否要对污染进行治理的问题上必然要进行成本收益分析，以使其利益最大化。也就是说，发展绿色经济实际上是一个博弈过程。如果企业选择不合作行为，仍然片面追求利润最大化目标，千方百计地逃避社会责任，并将内部成本外部化，将环境污染造成的损失转嫁给他人或社会，让他人或社会承担治理环境的成本，同时人为地割裂经济与社会、经济与资源全面、协调、可持续发展的关系，那么，企业最终很难实现自身行为的绿色化、生态化，更谈不上实现社会经济的绿色化。而如果企业选择合作，转变经济发展模式，即由人与自然相背离以及经济、社会、生态相分割的传统发展模式，向人与自然和谐共生以及经济、社会、生态协调发展的科学发展模式转变，创新绿色技术，培育绿色新产业，发展绿色新经济，尽管短期内会提高企业投资成本，可能使其收益下降，但从长期来看，则会提高企业的竞争力，赢得公众的信任，提高企业收益，并使人与自然的关系逐渐走向和谐，从而提高社会总收益。[1]

## 二、生态文明时代的制度环境

生态文明是指人类遵循人、自然、社会和谐发展的客观规律而取得的生

---

[1] 于馨雅. 我国绿色经济的发展现状及趋势 [J]. 时代商家，2022 (18).

态、物质与精神成果的总和，是人与自然、人与人、人与社会和谐共生、良性循环、全面发展、持续繁荣为基本宗旨的文化伦理形态。它是人类文明的一种形式，是继农业文明、工业文明发展之后的一个更高阶段。生态文明是对现有文明的超越，它将引领人类放弃工业文明时期形成的重功利、重物欲的享乐主义，摆脱生态与人类两败俱伤的悲剧。由于生态文明以尊重和维护生态环境为主旨，以可持续发展为根据，以未来人类的继续发展为着眼点，因而生态文明的建设需要一定的条件和制度环境。

（一）生态演变与人类文明

人类是生态环境的产物，要依赖自然环境才能生存和发展；人类又是自然生态的利用者，可以通过社会性生产活动来利用和改造自然环境，使其更适合人类的生存和发展。人类改变自然环境的能力，是由人们的生存方式及其生存方式所带来的文明决定的。不同的生存方式决定了人类文明的不同类型。

人类文明的兴衰与生态环境的变迁是密切相关的。人类文明的发生和发展都与对自然环境的利用程度息息相关。

（二）绿色发展与生态文明

绿色发展是可持续发展战略的进一步优化与升级，全面推进绿色发展战略，可在满足当前社会生产生活需求的前提下，不会对生态环境与自然资源带来破坏，满足后代人的发展需求。绿色发展需加强对各类可循环无污染资源的有效利用，并从社会主义市场经济建设角度出发，不断优化生态文明建设工作。现如今，很多人认为科技是万能的，这种思想作用下，绿色技术与生态文明建设失去创新与发展动力，生态文明体系下的各项规章制度无法被遵守与落实，人们会片面地认为科技会改变这一切。因此，推行绿色发展，应加强生态文明建设工作，注重环保意识的激发与引导，从保护角度入手，实现经济与生态的共同进步。

1. 经济发展背景下带来的生态环境问题

改革开放40多年来，我国工业化与城镇化得到极大提升，社会经济体系愈发完善，社会主义市场经济建设工作更是进入全新阶段。但很多地区在追求经济发展与建设过程中，没有认清经济与生态之间的关系，忽视对生态环境的保护，经济发展政策与机制不够合理，社会生产活动对生态环境破坏极大。分析各地生态文明建设现状，人民群众对于物质生活的追求不断提高，生活品质得到提升，但这一过程却对环境造成巨大影响。此外，一些地区环保部门工作态度不认真，对于生态文明建设存在倦怠心理，各项管理制度流于形式，管理体系混乱不堪，这就导致各项生态环境保障工程没有真正发挥作用。此外，少数企业经营者将自身的经济利益放在首位，缺乏诚信意识与生态道德意识，为降低其生产成本，造成大量的工业污染，且生产过程未能考虑对资源的科学利用，资源浪费现象严重。这些问题的存在，直接反映出我国绿色发展体系的不健全，也同样体现我国生态文明建设工作没有真正落实到位。

分析我国当前经济体系现状，社会生产生活主体依旧处于不可持续的状态，事实上，当前任何一个国家的社会经济体系都没有满足可持续发展的各项要求。对此，我国也在不断加大政策倾斜，各级政府也在不断加大调研与研讨，针对当前社会在可持续发展理念层面的不协调现实情况实施各类制度建设工作。20世纪80年代，联合国就已成立世界环境与发展委员会，提出可持续发展概念，但这一发展模式的具体内涵与实现机制却始终未能明确，虚拟化的经济增长让社会生产生活对于资源的消耗更为庞大。当前，很多国家的经济发展已受到生态环境的限制，资源有限，但人类的生存活动的需求却是无限的。

进入21世纪以来，我国为推进可持续发展战略，开始从社会生产生活各个层面入手，不断加大政策制定与制度规范工作，但多数领域的可持续发展依旧存在于形式与口头上。此外，我国为提高经济抗风险能力，已建立起全世界最完善的工业生产体系，世界多数贸易都与我国有着直接或间接的关系，这一过程中，我国消耗了大量资源，也排放出大量二氧化碳，虽然过程艰难，但也是我国走向发达国家的必然道路。而想要解决经济建设与可持续理念之间的不平衡，需正确理解生态文明内涵，加快生态文明保障与实施工作，节能减排，全面推进绿色发展。

2. 绿色发展与生态文明建设的关键点与根本点

早在20年前，我国就已提出绿色发展之路，各项政策的推进，也标志着我国开始寻求绿色发展道路。绿色发展要求低碳环保，以最小的资源投入实现最大的社会效益，需要对原有的社会生产生活体系进行改造，形成有利于生态文明建设的绿色模式。绿色发展道路不是一味地保护环境，而是注重绿色与发展的共同进步，实现两者的统筹平衡，保护绿色生态并提高人民群众的生活质量，想要实现这一目标，需要从政治体制改革与经济发展模式转变等角度入手，科学地分析自然资源与环境的承载量，将生态文明发展建设作为可持续发展的基本模式，同步实现人民幸福、社会公平、环境保护与生态文明建设，只有保证这四项基本要点，才能真正实现绿色可持续发展。

（1）绿色发展与生态文明的关键内容

绿色发展需要将绿色科学创新及生态文明体制创新放在重点。绿色技术强调对生态环境的保护，注重各类生产生活模式对环境的低污染或零污染，而先要实现生产环节的零污染，就要从技术角度入手，科学利用各类绿色能源，如太阳能与风能。此外，全面推行低碳技术与资源循环利用技术也是推进绿色发展与生态文明建设的重中之重。近些年，随着全球气候变暖趋势不断加快，世界各国开始制定各项碳排放控制措施，低碳技术也是在这一背景下逐渐流行的。低碳技术在完成产品生产以及相关资源利用时，可有效减少对大气与自然环境的负面影响，并实现资源的合理配置与循环利用。此外，生态技术模式也是当前绿色发展的重要举措，生态技术形成的立体化农业，可实现农业生产智能统一，提高农作物产量，改善管理效率，从农业角度实现生态体系建设。

（2）绿色发展与生态文明建设的根本点

随着国民生活水平的不断提高，人们的思想观念已发生一定转变，社会各界对绿色发展与生态文明建设的呼声越来越高。伴随着科学技术的快速发展，可用于社会生产生活的绿色技术也越来越多，但这些技术实际应用范围却并不广泛。一些工厂虽然已设置排污治污系统，但在实际生产中却很少使用，只有环保部门检查时才会临时开启。此外，政府制定的各项生态文明建设方针与制度规范也没有得到全社会的认同。之所以会出现这些问题，其根本原因在于思想层面，虽然社会各界都在呼吁绿色发展与生态文明建设，但是落实在具体的产业与企业中，却很少有人去遵守。我国政府部门为推动绿色发展道路，提高社会生产生活的可持续性，也在不断加大监管力度，各项监管体系也在快速推进。想要社会稳定，就一定要让社会保持发展态势，而发展就要具备可持续性，因此，绿色发展关系到民族的未来与国家的前景，不能因保护环境而停下发展步伐，更不能因发展经济而肆意破坏生态环境，而是需要在两者之间形成平衡，解决绿色发展与经济建设之间的矛盾。①

3. 走向生态文明的新时代

20世纪80年代至90年代初，由于生态环境问题而引发的遍及世界的生态环境保护运动与绿色文明浪潮一浪高过一浪，使可持续发展成为全人类的共识和各国关注的热点问题。于是，生态时代与生态文明问题成为学术界研究的重要课题。

什么是生态时代？国际上有些科学家从当代生态环境问题的严重性出发，认为生态环境破坏带来的灾难，将是21世纪人类发展面临的最大威胁。要走出这种困境，必须重建被破坏的生态基础，就会出现一个发展的新时代，这就是生态时代。在我国，一些学者认为，目前人类历史发展处于大转变的历史时期。从人与自然的发展关系来看，要使人由自然的主宰变为自然的伙伴，由征

---

① 刘健. 绿色发展与生态文明建设的关键和根本［J］. 经济师，2023（6）.

服、掠夺自然变为保护、建设自然，使其与自然保持和谐统一，已成为人类历史发展的必然趋势。这是一个划时代的大转变，正是从这个意义上说，现在我们开始重建人与自然和谐统一的时代，就是生态时代。生态时代的本质特征，就是把现代经济社会发展切实转移到良性的生态循环和经济循环的轨道上来，使人、社会与自然重新成为有机统一体，实现生态与经济协调与可持续发展。

目前，我国在发展绿色经济、建设生态文明方面已经进行了一系列有益探索和实践，也制定了一系列法律法规，但制度不健全、法律法规不完善的问题仍然存在。

## 第二节　产权制度创新

### 一、实施和保护中国自然资源产权制度

1. 深度明确所有权权责、权能、权益

首先，针对国家及集体所有权两者之间，必须明确清晰的界限。不仅要明晰农村集体的所有权权益、施权主体、权能、收益权等，还要明确地上、地下、地面、空间集中资源所有权之间的权力关系。

其次，明晰、界定中央与地方政府之间、各地方政府之间行使所有权过程中的责权利关系，以及资源开发利用等的权利关系。明确各级政府在自然资源的管理者、占有者、国家所有权行使者的地位及工作内容。

2. 构建自然资源产权制度

在实际设计产权制度的过程中，相关制度会随着自然资源类型不同而存在明显差别。对自然资源进行分类，主要可以依据资源是否具有再生性进行分类，从而可分为可再生自然资源和不可再生自然资源。其中还可以对可再生自然资源进行再次分类，可分为生物性可再生自然资源和非生物性可再生自然资源。基于此，三种自然资源的产权制度如下所述：

（1）非生物性可再生自然资源的产权制度

非生物性可再生自然资源主要包括水、土地等资源，这类资源的最大特点就是没有生命，但这类资源具有可以进行循环利用、可恢复的规律。如果想要让这类资源成为人类可以永远利用的自然资源，就必须遵循这种资源的规律进行相应的人类活动。再者，这类资源构成了人类生存的基础，同时也是其他生

物繁衍生息的基础。因此，这类资源对人类生存、生活、生产都有着非常重要的意义。因此，国家应该从社会整体利益出发，明确这类资源的产权界定，同时配置相应的所有权。首先要明确非生物性可再生自然资源的国家所有、集体所有的具体性质，并不能与其他主体共享所有权。

(2) 生物性可再生自然资源的产权制度

生物性可再生自然资源主要包括动植物、微生物等各种生态系统，例如常见的草原、野生动植物、鱼类等。这些生物以非生物性可再生自然资源为基础，得以繁衍生息，对非生物性可再生自然资源有着明显的依赖性。生物性可再生自然资源具有明显的循环再生能力，因此只有对这类资源进行合理利用，才可以形成周而复始的生长，人类对其可以实现永续利用。人类对于水资源、土地资源合理利用的收益主要体现在天然生成的生物性可再生自然资源，由此可以看出，生物性可再生自然资源和非生物性可再生自然资源两者之间存在明显的关联性。与此同时，生物性可再生自然资源和非生物性可再生自然资源拥有非常明显的竞争性特点，能够满足不同主体的差异化需求。国家可以以法律的形式，对鱼类、森林等生物性可再生自然资源进行归属界定，其中森林资源与国家生态利益等有关，因此，森林归属国家所有，但其中如果森林与集体生活、生产存在密切关系，则可以归属集体所有；其他林区，可以在个人、社会组织取得土地使用权的基础上，对这部分森林资源进行经营及所有。总之，在当前背景下，应该对生物性可再生自然资源的所有权进行多元化的界定，最终构建出社会组织、个人、国家、集体多种所有行使并存的所有权结构。

(3) 不可再生自然资源的产权制度

所谓不可再生自然资源，主要包括石油、煤、铁等一些金属和非金属矿物等矿产资源，矿产资源的耗竭特征非常明显，属于特殊资源。绝大多数国家在对这类资源进行认定的过程中，都将这类资源作为社会财富而归属国家所有。个人或者是社会组织必须通过国家批准获取相应的采矿权、探矿权，才可以进行采矿等活动，同时国家也有相关法律对矿业权人的合法权益进行保护。法律明确规定，这类矿产资源归属国家所有，无论是地表矿产资源还是地下矿产资源的国家所有权，与这类资源依附的土地所有权没有直接关系，基于此，就可以实现对矿产资源形成统一管理和保护，从而避免矿产资源出现浪费的情况，具有非常重要的意义和作用。当前我国矿产资源总量有限，并且耗竭的速度不断加快，因此，必须继续坚持国家所有的原则，同时对矿业权进行不断完善，从而克服资源开采、利用浪费等问题的出现。[1]

---

[1] 韩磊. 构建中国特色的自然资源产权制度 [J]. 理财（经论版），2020 (3).

## 二、生态产业的产权制度创新

### (一) 生态产业文明是生态文明建设的基础和关键

几千年人类的发展史,经历了从人统治自然的文化向人与自然和谐发展的文化的逐步过渡,人类的价值取向也随之发生了根本性的变革,生态和文化得到了深度融合,而生态文化时代的到来标志着人类思想观念的转变。生态文化的重要特点在于用生态学的基本观点去观察现实事物,解释现实社会,处理现实问题,运用科学的态度去认识生态学的研究途径和基本观点,建立科学的生态思维理论。通过认识和实践,形成经济学和生态学相结合的生态化理论。

### (二) 生态产业的产权交易制度

作为生态产业典型代表的环保产业近些年来获得了快速发展,与此同时,环保产业产权交易也发展较快,为生态产业的产权交易提供了切实可行的发展模式。

总体上看,环保产业市场的扩展空间非常大。尤其是污水处理、固废处理行业,具有极好的长远发展前景。由于水资源的稀缺性、污水排放量的不断增长以及水资源费、污水处理费明显上调趋势,决定了污水处理行业的好前景。另外,其他环境服务业,包括以环境影响评价、环境工程服务、环境技术研发与咨询、环境风险投资等,都有着良好的发展前景。

# 第三节 激励机制创新

## 一、绿色投融资制度创新

### (一) 绿色投融资制度概述

绿色投融资制度是指为达到环境保护和污染预防、实现可持续发展的目标,引导和驱使相关的利益主体即地方政府、金融业、企业和公众采取有利于绿色投融资发展的行为的机制。

## （二）中国发展绿色投融资的制度创新策略

恰当的投融资制度设计可以鼓励那些能够使整个社会利益最大化的环境行为，约束那些与绿色经济理念相违背的行为，从而促进绿色经济的发展。借鉴发达国家发展绿色投融资的成功经验，结合我国的实际，我国绿色投融资制度创新应该从以下几个方面进行。

1. 引导绿色理念，提倡绿色消费

绿色消费有两个内涵：一是消费无污染、有利于健康的产品；二是有利于节约资源、保护生态环境的消费行为。绿色消费是人们对环境问题有了深刻认识之后才逐渐形成的，确切地说是人们接受了绿色理念后的必然选择。倡导绿色消费对于发展绿色投融资来说是一种直接、有效的激励机制，它可以从利益层面，通过市场机制吸引各主体进行绿色投融资。

（1）要改变人们环保观念淡薄，缺乏可持续发展意识的现状

通过大力的宣传、教育，让更多人接受绿色理念，明白要重视他人和子孙后代的健康和持续发展，重视环境保护。

（2）政府在宏观管理层面上应该给予一定的支持

如政府可以制定合理的价格政策，对绿色产品的生产和销售实行价格优惠，引导企业大力发展绿色生产。政府还可以制定合理的税收政策，对浪费性消费和污染环境的消费施以重税，对绿色产品的生产和消费给予适当的税收减免，对绿色产品的生产和生产技术的开发给予必要的财政补贴等。

目前，我国多数人的消费状态与绿色标准相差甚远，为更好地促进绿色消费，达到促进绿色投资的目的，应倡导人们购买食品时首选绿色食品，选购生活用品时要首选绿色产品，同时，提倡人们从环保的角度，抵制污染环境的产品，包括过度包装、用后变成污染物、生产时造成污染或使用时造成污染和浪费的产品。

2. 采取多元化绿色投融资的策略

（1）政府奖励和收费

奖励与收费政策是发达国家行之有效的绿色经济激励机制。我们也可以效仿，由政府财政出资对那些环境保护有贡献的行为进行奖励，并推行"谁污染，谁付费"的原则，改革和完善现行的排污收费制度。同时，统一和完善环境资源税，如水资源税、森林资源税、土地资源税等，逐步把现有的资源补偿费纳入资源税范围。采取税收和收费的政策，可以弥补市场缺陷，促进环境保护和经济的发展，同时也可为绿色经济的公共投入提供资金。

(2) 组建政策性绿色银行

借鉴德国、日本创办环保银行的先例，我国可以考虑组建政策性绿色银行，以支持那些商业效益不高，一般的传统银行不愿意接受，但又是社会所必需的传统环保事业，以及那些很有发展前景，但目前急需资金支持的环保项目。

3. 加强绿色投融资的执行力度

(1) 建立环境风险数据库信息和企业环境风险管理体系

信息是各金融机构风险管理的基础，集中统一数据库的建立可以创造性地解决环保与金融联合机制中的信息沟通渠道问题，有效提高环保与金融合作的工作效率和质量，降低社会综合成本，培育企业环保信用意识和信用行为。环境风险数据库的根本功能是将未经处理的原始信息转化为可利用资信信息，为各级监管部门和各金融机构的决策提供准确、及时、全面的信息源。其基本功能有：搜集各企业环境风险状况，记录其环保建设及违规的主要情况，评价其信用等级并提供实时监测等。

建立企业环境风险信用管理体系的目的在于构建一个全社会广泛参与的企业环境污染控制体系，通过全社会的广泛参与调动社会每个阶层参与环境保护的积极性，形成一个对环境保护全社会齐抓共管的新局面。这对金融机构也是一种保护，金融机构可以在信息非常清晰的条件下从事资金的融通工作，极大地降低金融机构的环境信用风险，促进其经济效益的提升。同时通过对企业动态变化的连续跟踪，帮助企业规范其环境污染行为。企业环境风险信用管理体系的建立应遵守广泛性、真实性等原则。

(2) 建立绿色投融资考评机制

对于绿色投融资的评价需要一套严格的考评机制以确保绿色投融资制度的贯彻与执行。考评工作应坚持以下原则：一是公开原则，保证整个评选过程的阳光；二是公正原则，要广泛邀请社会各界的参与，包括新闻机构的全程监督；三是公平原则，给每一个参评单位一个公开宣传自己的机会，以展示各企业主体对社会的贡献度，树立品牌，树立有社会责任感的社会形象。

## 二、绿色税收制度创新

(一) 绿色税收制度概述

绿色税收制度是在低碳经济语境下提出的，具体是指国家为实现保护环境、节约资源的目的，通过法律、行政法规等规范性文件规定的，由主体税种和各税种之间协调配合所组成的绿色税收体系。税收制度是国家经济政策的重要内容，同时也是国家意志和国家政策的具体体现，只有落实绿色税收制度，才能更好地在全国范围内普及绿色发展理念，实现持续发展。由于绿色税收既事关环境保护，又关系到国家财政收入，因此极易受到相关国家政策的影响。在当前双碳政策和经济稳增长的大背景下，加快推进绿色税收制度的建设正逢其时。合理的绿色税收制度将调节和引导技术创新发展，协调参与各方的关系，推进产业绿色转型发展，促进低碳经济的发展，真正发挥出技术创新对于社会经济发展的导向作用。就我国而言，绿色税收制度具体包括三部分，一是专门为环境保护而设立的绿色税种，二是现行税制中其他具有环保性质税种的"绿色"转型，三是与环境保护相关的税收优惠政策。[①]

（二）中国发展绿色税收的制度创新策略

1. 完善绿色税收结构建设

绿色税收制度是国家利用相关的税收政策推动建设生态文明的一种宏观调控手段，绿色税收制度的构建需要环保税与其他相关税种配合，把环境保护和节约资源列为相关的绿色税种，强调绿色理念。一方面有效激励企业和个人的节能减排；另一方面可以治理生态、打造绿水青山就是金山银山的生态理念。绿色税制通过加重对排污企业的税负，使得企业将污染、浪费资源的负外部性成本"内部化"；并且也可以适用优惠政策，对符合国家环保标准的排污等行为减免税负，从而减轻企业的税收负担。

2. 提高环保税税率

不断完善环境保护税的征收范围、税率以及征收手段，提高环保税在绿色税收中的比重，充分发挥其绿色调节作用。目前，环境保护税的税率非常低，相比环境的治理成本，纳税额是远远低于其治理成本的，这很可能出现企业为了更大利润继续实施该污染行为，无法对企业的排污行为进行干预和限制，导致对环境的控制减排效果不佳。所以，我国应提高环境保护税的税率或者改变税率征收结构，可以运用累进税率，让税负高于环境治理的成本，促进环境保护税在绿色税制中的绿色调节作用。

3. 完善绿色税收的体系建设，充分发挥税收调节作用

加快建设绿色税收体系，不断完善尚未发挥效能的绿色税收。首先，扩大环境保护税的征税范围，针对排放污染物方面，应该将常见的、排放量较大的纳入征税范围，比如：光、土壤、热、挥发性强的有机物以及建筑污染物。其中，近年来，二氧化碳的排放不断增加，从发展的长远性来看，应该把二氧化

---

① 沈君逸. 低碳经济下我国绿色税收制度探析 [J]. 经济研究导刊, 2022（10）.

碳列为环境保护税的税目内。国际上也有部分国家开始开征碳税，结合我国的实际情况可以考虑与其他税相结合设立该项税种作为试点，来解决碳排放问题，以达到节能的目标。其次，对于资源税，现在大部分是针对矿产资源进行征税，但由于资源税的占比较少，而资源浪费又很严重，所以也可以将一些使用较大、污染较严重的非矿资源也计入征税的范围，从而迫使企业减少该部分资源的开采，此外，还应该细化税目，充分发挥资源税的绿色税收功能，调节资源的开发利用。最后，消费税应该由"高消费"向"高消费""高耗能"以及"高损耗"的产品及行为上转移，不再只是单一对"高消费"产品及行为课税，将范围扩大至过度消耗能源、严重污染环境的产品上，并测量其污染程度，按照程度的不同设计不同的标准进行课税，并设计相应的税率。比如，对于高耗能家电、不易分解且严重污染的塑料薄膜以及含磷洗衣粉等纳入征税范围。使消费者主动选择对环境污染较小或者没有污染的产品，从而更加强化消费税的绿色调节功能。

4. 加大政策优惠力度，发挥最大效用

政府可以选择完善绿色购买政策，绿色购买政策是各个国家广泛运用的一种有效的财政手段，是一种激励企业的重要手段。如果对市场各主体开展绿色购买，再配合各类税收的优惠政策，兼并公平发展效率，进行扩大推广，可以促进绿色产品的开发，加快产业升级，实现我国绿色发展；鼓励消费者绿色消费，确保消费者能够投入生态保护的活动中。企业也能受到更大的激励，选择生产绿色产品，推广绿色产品以达到全社会环境保护意识逐步提高，促进环境生态保护以及社会的绿色发展，从而实现绿色时代。[1]

## 第四节　非正式制度安排

### 一、绿色社会责任

（一）绿色社会责任概述

企业社会责任就是企业在创造利润、对股东利益负责任的同时，还要承担

---

[1] 夏倩倩. 绿色税收制度思考 [J]. 合作经济与科技，2022（20）.

对员工、对社会和环境的社会责任，包括遵守商业道德、生产安全、职业健康、保护劳动者的合法权益、节约资源等。绿色责任是与生态文明和可持续发展相关的责任。随着公众环保意识的增强，企业绿色责任的压力将不断增大，因而企业必须不断进行技术创新和资源合理开发利用，走可持续发展之路。

（二）企业履行绿色社会责任的意义

自工业革命以来，企业在经济发展中发挥着越来越重要的作用。然而企业不应该只注重获利，更应当关注环境问题。因为企业与生态环境的共同发展是相辅相成的，生态环境为企业的发展提供资源，而企业的绿色发展又将促进生态环境的进步。企业积极履行绿色社会责任、发展生态经济是实现企业与生态环境的共同发展、造就一个更加适宜的生活环境以及实现人类的可持续发展的必要保障。

因此，为了实现人类与生态环境的和谐共存，我国企业有责任和义务去努力提升自身的绿色社会责任意识，并积极履行绿色社会责任。企业在谋求自身经济效益的过程中，一定要首先考虑生态环境问题。要做到深入贯彻可持续发展观、践行绿色发展战略、发展生态经济。

（三）加强企业履行绿色社会责任的措施

企业绿色社会责任也称企业的环境责任。企业绿色社会责任主要是指企业在资源利用和环境保护方面应承担的社会责任。也就是说，企业在生产经营过程中要充分考虑其对环境和资源的影响情况，要把资源节约和环境保护纳入企业发展之中，充分履行其在环境和资源保护方面的职责和义务。

企业绿色社会责任以环境法律责任为基础，但更要求企业自觉并主动提升其绿色社会责任意识。从长远的获利角度来看，企业作为营利性的社会组织，要想获得更长远的利益，就应该立足长远、放眼未来，从发展的角度思考问题。要做到纵观全局，绝不能顾此失彼，否则到头来只能是捡了芝麻丢了西瓜。

1. 企业履行绿色社会责任的阻力关系

（1）眼前利益和长远利益关系

在经济高速发展的大背景下，由于企业没有很好地树立可持续发展的现代经营理念。竞相追求当前的局部利益，忽视了更长远的利益；只重视提升业绩，却忽视了生态环境的承受能力；将目光集中于经济增长这块诱人的蛋糕上，却看不到长远的经济利益，更不知自身正在逐渐地破坏人们赖以生存的自然环境。因此，这些企业片面地关注经济收益，忽视对外部环境的保护就显得理所当然。

（2）经济效益与社会效益关系

企业的社会效益，即企业的社会责任，更高一层的含义是企业绿色社会责任。企业的经济效益，即企业所追求的利润最大化。经济效益与社会效益本就是相矛盾的两个观点，两者是不能兼得的。企业在发展过程中，肯定是会注重后者的，那这就必然会导致企业忽视自身的绿色社会责任。

（3）内部管理与外部竞争压力关系

在竞争日益激烈的当今社会，为了更加安稳地立足。企业不得不全身心致力于提升自身的综合实力，不断加强资本积累以增强各种抵抗风险的能力，以防被社会所淘汰。然而这就势必会导致许多企业对于日常经营外的一些问题表现得毫无顾忌，开始盲目地降低生产成本、提高生产效率以获取高额利润。在这种企业竞争压力之下，为了降低环境治理成本，大部分企业就开始直接忽视生态环境的治理问题，漠视环境恶化。于是过度地利用自然资源，工业废气、工业污水乱排乱放现象日趋平常化。

2. 企业应如何履行绿色社会责任

企业在履行绿色社会责任时，除了要依靠企业外部力量的约束和管制外，更得依靠自身的力量来提升自身的企业绿色社会责任意识并付诸行动。

（1）制定相关政策、加大公众的监督力度

为了有效地提升其绿色社会责任意识，并积极履行绿色社会责任，企业外部的力量是必不可少的。这就得依靠政府和公众的力量。政府应当发挥其主导作用，制定和完善相应的政策、执法手段，给企业施以强制的外部力量，从而有效地促进其履行绿色社会责任。另外，公众也有义务去监督企业。一旦发现企业的做法不合理时，就应当及时向有关部门反映，以促进企业及时改正并调整其发展战略。

（2）建立相关的企业绿色社会责任评估体系

制定相应的企业绿色社会责任考核制度，并定期评估其绿色社会责任的落实情况。与此同时，请相关专家对各评价结果加以剖析，指出其中的问题并提出相应的解决办法，以此来促进其对绿色社会责任的履行。

（3）定期给企业内部人员培训相关的生态环境保护知识

不断地给企业内部人员灌输相关的生态环境保护知识，以便更好地指引他们去学习并掌握相关的理论知识，提高其保护生态环境的责任感与使命感。

(4) 从生产的各个环节进行绿色化处理

企业在采购原材料时,应当拒绝购进对生态环境有害的一切材料,做到从源头上保护生态环境。企业在生产产品时应当积极做到节能、降耗、减污,尽可能地减少相应的环境污染。对于工业污水、工业废气在合理排放之前应当分离其中相应的污染物质并进行合理处置。对于产品包装物要尽量采用可降解性大的原料,并尽量减少废弃物的产生。企业也应当以经济与生态协同发展为原则制定相应的营销方式。

(5) 大胆创新,以技术创新替代高能耗、高污染

当今社会,技术创新才是推动企业发展的重要保障,同时也是促进企业绿色生产的结果。企业在发展的同时,应该时刻保持创新意识,努力做到大胆创新。技术创新既能促进企业自身的发展,又能降低能耗、减少污染;既符合自身利益,又能保护环境。

(6) 树立正确的企业发展战略

企业应该从发展的角度来看待问题,协调经济与生态的共同发展,要意识到发展绿色的生态经济才是当今社会的主流。发展绿色的生态经济就是以履行绿色社会责任为核心,以经济和生态环境的共同发展为目标。走可持续发展之路,既要金山银山,也要绿水青山。要做到深入贯彻可持续发展观、践行绿色发展战略、发展生态经济。[1]

## 二、环保 NGO(非政府组织)

### (一)环保 NGO 概述

NGO 是"Non Governmental Organization"的缩写,意即"非政府组织",其实质上就是我们常说的"民间组织"。"非政府组织"一词源于 1945 年 6 月的《联合国宪章》。其规定了非政府组织的地位与功能,从而揭开了非政府组织发展的序幕。随着认识的深化,经社理事会进一步将"非政府组织"界定为:"凡非依政府间协议建立的国际组织就可以被认定为非政府组织。"此后,随着非政府组织理念的不断扩展以及人们认识的深化,非政府组织的定义逐渐拓展到国内各领域。国际上的通行观点认为,一个团体如果被界定为 NGO 组织,一般要符合五项特征:非政府性或称民间性、非营利性、非政治性、自治

---

[1] 汪涛. 生态经济背景下加强企业履行绿色社会责任探讨 [J]. 绿色科技, 2019 (16).

性以及自愿性。在 NGO 之中,以环境保护和资源可持续利用为宗旨和目标并且从事相关环境公益活动的组织就被称为环保 NGO。它是 NGO 在环境资源领域的具体表现形态,是 NGO 的重要组成部分。在环境治理体系中,环保 NGO 属于独立的一方治理主体,是介于政府和公众之间的第三方参与力量,可以为政府与公众的有效沟通发挥重要的连接作用。①

(二) 对中国环保 NGO 的制度建议

1. 立法方面

(1) 制定一部统一的《非政府组织基本法》

目前,我国关于非政府组织的立法规定尚未形成完整的体系。环保 NGO 迫切需要以法律形式规定自身的权利义务。我国政府应根据 NGO 组织的实际情况,逐步完善法律法规体系,发挥环保 NGO 密切基层群众的优势,积极参与环保活动,共同推动我国环保事业的发展。

(2) 淡化 NGO 组织登记程序的管理色彩

政府应该降低注册的门槛,简化登记手续,提供良好的法律秩序,在对环保 NGO 的管理上加强注册管理,明确环保 NGO 的注册条件和注册流程,淡化行政机关对环保 NGO 根深蒂固的上下级领导管理意识。

2. 社会方面

(1) 加强宣传力度

环保 NGO 应保持自身的权利与义务相一致,加强环保 NGO 内部的资金来源和决策行动的透明度,通过各种社会宣传方式,提升环保 NGO 在社会上的影响力,保证其参与环保活动的积极性和合法性,从而提高环保 NGO 在社会上的认可度。

(2) 建立社会监督机制

环保 NGO 应该提高公民对其的认可,了解环保 NGO 的活动范围和权利义务,接受社会公众的监督和建议,积极地参与环保 NGO 的环保活动,将环保意识深入基层人民群众中去。同时发挥媒体对环保 NGO 的舆论监督作用,满足公众对良好生态环境的需求。

---

① 王宏昌. 我国环保 NGO 的发展困境与完善路径——以日本环保 NGO 为借鉴 [J]. 黑龙江生态工程职业学院学报,2021,34 (5).

(3) 自身方面

首先，应完善环保 NGO 的治理结构，建立责任机制，完善自律机制；其次，政府主管部门应依法对非政府组织进行登记和管理；再次，要完善非政府组织工作人员的职业培训机制，制定组织细则，编制年度工作报告、资金筹措及使用说明，保证其内部组织的健康与活力；最后，要加强非政府组织人员的职业道德教育，强化职业道德意识，并通过制定规范细化职业道德标准，进而对从业人员实行有效的道德约束和管理，防止腐败及各种不正之风。①

---

① 袁玉昆. 我国环保 NGO 公益诉讼的优势与困境分析 [J]. 消费导刊，2020（15）.

# 第四章 绿色经济的转型

绿色经济有利于实现高效、和谐、可持续的经济增长与社会发展,对加快我国绿色经济转型、提高减排效应、实现相应目标具有重要意义。本章首先分析了绿色转型的相关基础性知识,接着进一步探讨了绿色经济转型发展的必要性与对策,论述了绿色金融服务对绿色经济转型的作用与发展路径,探索了农村经济绿色转型与路径,最后详细地研究了东北地区产业绿色转型升级等相关的内容。

## 第一节 绿色转型概述

### 一、转型理论和绿色发展

(一) 转型理论

转型的原意为转换或者转变,属于对事物开展一类比较充分的变革,也就是借助变换事物的特性或形态让其同全新的需求更为相符。转型以后其将变为其他事物,或者借助结构转变而获得全新的功能,转型属于一种动态性的行为,不单为转换,更为关键的是进步。[1] 转型的定义在工程建设行业首次产生,在 20 世纪迈向经管行业并在微观以及宏观等方面均得到大量运用。总体而言,宏观方面如国家层面的我国及德国的经济转型;中观方面如地区经济转型以及资源型城市转型;微观方面如公司业务转型、公司经营模式转型以及公司组织结构转型等。尤其是近些年,伴随新经济进程的持续加速,转型经常性

---

[1] 宋晓倩,耿涌. 城市治理视角下的资源型城市绿色转型研究 [M]. 上海:上海交通大学出版社有限公司,2021:8.

地展示在各大媒体中,各式各样的转型活动逐步变成社会高度重视的焦点之一。

社会技术系统转型理论把社会技术系统划分成以下几个方面:宏观层次的外部环境、中观层次的社会技术体制以及微观层次对应的创新性利基,所有层次均由各类要素构成。转型是以上三个层次中各要素相互作用的结果,作用过程如下:宏观环境出现改变对当前体系形成冲击,并且为创新利基提供了较好的机遇,在利基运作到某个程度时,逐步产生显著的作用力,这时同原来的体系产生抵制,导致当前体系的平稳状态受到损坏;在当前体系难以遏制问题以及宏观环境产生的冲击时,全新的体系将随之出现,同时对外部环境产生一定的作用。

(二)绿色发展

绿色发展的本质在于实现自然与经济的双赢发展。绿色发展首先要考虑生态环境,强调人民生产生活方式的转变,促进人类文明形成可持续、和谐的统一状态。同时,绿色发展要注重依靠绿色科技,通过发展技术创新,促进低碳经济和绿色经济的发展,以科技进步与创新促进绿色 GDP 的增长,进而调整产业布局和结构,合理规划资源型城市的和谐发展。总之,在资源消耗和生态环境恶化的大背景下,人类本身所处的赖以生存的环境受到严重威胁。在此背景下,绿色发展被提出,用以在保护生态环境的前提下追求经济可持续发展,以期实现人与自然的和谐发展。

## 二、绿色转型分析

绿色转型理念的诞生及其含义最开始源自海外对自然环境和资源关联性的探索。绿色可持续转型的要点是追逐资源效率的最大化,但资源并不是无限的。绿色转型使经济从资源高耗损与环境高污染转换成环境友好型与资源节约型,绿色转型不仅必须做到绿色,还必须做到转型,更需要确保进步。绿色转型是我国继推动改革开放及社会改造的又一重要创新工作,属于绿色发展同经济转型的高度融合。我们不仅要做到绿色,还要保证可持续发展。社会以及经济转型进步的重要渠道之一就是绿色转型,促进资源型企业开展绿色转型也成为资源型城市绿色转型的主要驱动力。

## 第二节　绿色经济转型发展的必要性与对策

### 一、绿色经济转型发展的必要性

(一) 绿色经济有利于优化我国的产业结构

产业结构是发展经济学提出的概念，也称产业体系，是社会经济体系的主要组成部分。[①] 从20世纪90年代以来，围绕产业结构的调整，世界上很多国家都进行了各种形式的探索，无论是在理论上还是实践上都取得了非常多的成果。这些发展经验启示我们，以往的发展理念和思路已经不能适应当前经济社会发展的需要，人们要走一条低能耗、低污染的绿色发展道路，只有这样才能在现有基础上取得新的更大的发展和进步。从实际上来看，在农业领域实现自身的绿化转型发展可以提高粮食的产量，有助于确保粮食在各个领域中的正常供给，在生产中使用的农药、化肥等也会进一步减少，这对于保障粮食安全和减轻农业生产、减轻环境污染的作用是非常明显的。农业作为基础性产业，其自身的绿色转型对于其他产业来说具有基础性的作用。在当前的工业生产领域推进绿色转型有助于各个领域之间的相互融合，对于生产性的服务业发展具有非常大的推动作用。从当前产值上来分析，工业领域的产值每年都在不断增加，在整个国民经济发展中产生的影响也是越来越大。在工业领域实现绿色经济转型发展更有助于实现整体的转型升级和优化发展。

(二) 绿色转型是经济发展过渡上的关键

以往的经济发展方式之所以不能适应当前经济社会发展的需要，主要是因为这是一种粗放型的发展模式，它建立在对各种资源的巨大消耗和严重的环境污染上。而要改变这种发展现状就必须要走一条低能耗、低污染和高产出的发展道路，这正是与绿色转型发展相吻合的。党对于绿色经济发展也是多次反复强调，这使得整个社会对于绿色发展在经济发展上的重要性有了进一步的认识。政府围绕绿色经济发展也先后推出了一系列的改革发展政策、方针措施

---

[①] 侯慎建. 新时期煤炭地质勘查产业链布局与发展研究 [M]. 北京：中国经济出版社，2022：2.

等，这些对于经济深层次发展具有良好的导向和促进作用。我国加入世界贸易组织之后，在一些国际问题上不断遭遇贸易纠纷，从根源上看，这与我国在一些方面没有很好地落实绿色发展有很大的关系。我们应当立足对这些问题的思考，努力推动绿色经济发展理念在各个层面的深化，只有这样才能让我国在绿化经济发展转型上实现更多的突破，这对于我们应对各种国际争端或者贸易壁垒等具有非常好的推动作用。

（三）绿色转型能够实现各个层面的均衡发展

以往在社会发展的过程中，人们更多的是注重经济的发展，关注的是经济指标能否实现新的突破，在经济发展层面先后投入了大量的人力、物力和财力。虽然这是经济能够获得很大发展的一个重要原因，但是从整个社会发展的层面上来分析，则造成了其他领域发展的滞后现象。这就是一种典型的不平衡发展模式，人们完全将注意力放到了经济发展上，对于政治、文化等的关注度明显不够。而绿化经济转型发展则突破了这方面的桎梏，在发展经济的同时也致力于推动其他领域的协同发展，为保证经济发展的质量、实现更高水平的突破夯实了基础。除此之外，绿色经济的转型发展也有助于实现对有限资源的合理配置，有助于保证整体的发展质量。

（四）绿色转型有助于应对全球性的生态环境问题

随着经济社会的发展，各种类型的生态环境问题开始批量出现，如肆虐全球的高温天气、各种类型的环境污染等。事实上，这些都与以往人类社会的粗放经济发展方式有很大的关系。在应对这种全球性的生态环境问题上，各国也都先后召开了各种类型的专题会议，深刻认识到了这些问题对人类社会发展的影响。

（五）绿色经济转型有利于保障能源和资源安全

以往粗放型的经济模式需要大量的能源资源来支撑，而无论哪个国家对于资源能源都是非常看重的，这就使得能源资源成为影响国家安全的一个重要因素。对于我国来说，能源资源的安全基础性地位尤为突出。实施绿色经济转型发展能够逐步减轻对能源资源的依赖，对于提高我国经济发展的自主性意义重大。在绿色经济转型上，各种类型的创新科技不断出现，太阳能、潮汐能、核能等新能源有了更加广泛的应用，在整体的能源资源结构中，传统能源资源的比例有了明显下降，这对于提升整体的经济发展质量、保障能源资源应用安全也起到了积极的作用。

## 二、绿色经济转型发展的对策

### (一) 不断深化思想认识

对于绿色经济转型,首先要从领导干部思想认识上抓起。通过各种类型的培训和学习,引导领导干部充分认识以往粗放型经济发展存在的问题及弊端,使他们充分认识到绿色经济转型是提升自身竞争力和适应当前及今后激烈竞争的唯一选择。党和政府要充分用好各种宣传平台,多层次宣传绿色经济转型的相关内容,引导广大企业、人民群众等广泛地融入大转型发展中,这样才能营造一个良好的绿色转型发展氛围。

### (二) 加强完善制度保障

绿色经济转型发展可以说是一个复杂的系统工程,这就需要建立起完善的规章制度。在明确了基本的转型发展目标之后,就需要围绕绿色经济转型制定和完善一系列规章制度,如需要对绿色经济转型中表现突出的企业建立奖励机制,以往虽然也有,但是这些机制在操作性上还存在一定的问题。当前,需要把税收、贷款、人才保障等内容纳入这个机制中,不断丰富其应有的内容。有了这些机制的支撑,才能确保所有的工作都能有序开展。要从法律层面对绿色经济转型发展予以保障,不断出台各种新的法律法规,对绿色经济转型予以保障和引导。同时,在国家发展中,人们要努力提升绿色经济的地位,进一步从国家层面形成系统完整的宏观战略体系。

### (三) 加快技术层面创新

在绿色经济转型发展中,技术是至关重要的一环。国家要鼓励各种绿色技术创新,建立和完善技术创新、发展和奖励机制,努力营造一个尊重绿色创新的良好氛围。例如,在经济转型过程中,企业是非常重要的一环,对于企业的生产技术要多层面鼓励创新,对于创新工作做得非常好的企业要从税收减免、贷款支持等多个层面予以鼓励,这样才能进一步激发企业的技术创新劲头。同时,还需要将各种创新技术努力融入实体经济发展中,将现有的新技术转化为实实在在的生产力,这对于加快绿色经济转型非常重要。

### (四) 尝试大力应用新能源

在绿色经济转型中,新能源发挥着非常重要的作用,通过应用新能源能够减少经济发展对传统能源的依赖，这无论是对于维护国家能源安全还是保护生态环境等方面都起着非常重要的作用。为此，国家必须要加强在新能源推广应用方面的政策机制建设，鼓励企业在生产经营中多层面地应用新能源，逐步减少对传统能源资源的依赖。同时，还要研发各种应用技术，使得新能源在应用中呈现出简单化的趋势，避免过于复杂，这样也能更好地降低使用成本。为了更好地营造新能源使用氛围，还要通过各种新闻媒体平台做好深化宣传工作，这对于提升对新能源应用的重要性认识具有非常重要的作用，也会逐步地优化能源资源的应用结构。

（五）加强地区间的交流合作

欧美等发达国家对于绿色经济转型发展已经积累了不少的经验，在实际的转型过程中可以给我国一定的借鉴。例如，德国鲁尔区以前是典型的重工业集聚区，其环境问题突出。在实际转型之前，德国政府成立了专门的鲁尔工业区转型工作领导小组，直接向德国政府负责，相继从法律、政策、企业搬迁等多个方面制定了一系列的措施，一步步实现了整个鲁尔区的转型发展。这些对于加快我国的转型速度、提高转型的质量水平、减少在转型过程中的成本投入是非常有帮助的。为此，在经济转型这个层面，要积极与转型成功的国家进行各种形式的交流合作，以此帮助我国实现更好的转型发展。[1]

（六）优化绿色产业结构

传统粗放型经济发展模式下的产业结构已与绿色经济发展理念不相适用，因此产业结构调整势在必行。一是完善绿色产业发展外部环境，通过完善基础设施、提供银行贷款资金支持等方式使那些规模较小的绿色产业快速发展，增强绿色经济领域发展活力。二是限制传统能源消费，通过总量控制、价格提升等方式控制各产业对传统能源的消耗，倒逼新能源开发和使用，推动淘汰落后产能。三是加速助推产业更替，传统产业通过环境资源的耗费给生产者带来了可观的利润，要迫使产业转型则必须对传统高能耗产业施加压力，通过提升环境成本、税费征收额等方式，促使企业加快传统生产工艺更新改造，缩短产业的更新周期，加速落后产业的淘汰。

---

[1] 黄长芳. 新常态下绿色经济转型发展的思考［J］. 经济研究导刊，2019（2）.

## 第三节　绿色金融服务对绿色经济转型的作用与发展路径

### 一、绿色金融服务概述

（一）绿色信贷

绿色信贷是我国当前绿色金融最大的业务板块。2012年2月发布的《绿色信贷指引》对银行业金融机构有效开展绿色信贷、促进节能减排和环境保护提出了明确要求。

（二）绿色债券

绿色债券起步虽晚，但是发展迅速。2016年我国绿色债券市场已跃升至世界前列，成为继绿色信贷之后我国绿色金融体系中第二大融资市场。目前，我国发行的绿色债券只占到国内全部债券发行量的极少部分，未来仍有巨大的增长空间。

（三）绿色基金

我国绿色基金已经进入发展的快车道，在发展理念、制度规范、政策导向以及市场规模上将利用后发优势，借鉴国内外相关基金的发展经验，尤其在绿色产业以及生态环境治理上，发挥基金的基础性支撑作用，化解金融创新的资金瓶颈问题，成为中国可持续发展的新引擎。

（四）绿色保险

绿色保险也称生态保险，是绿色金融的重要组成部分，是通过保险的制度安排，将经济发展过程中可能发生的环境风险进行化解。绿色保险与绿色信贷、绿色债券等并列，被人们视为构建绿色金融体系的基础框架。这些政策法规的实施及进一步完善填补了我国绿色保险的法律空白，为我国绿色转型提供了必要的保障。

## 二、绿色金融服务对绿色经济转型的作用

（一）有显著的"引导作用"和"挤出效应"

通过构建绿色金融体系，出台相关政策和开发绿色金融产品等途径，为绿色产业的发展提供良好的市场条件。通过资本市场的杠杆作用有效调节资本流向，引导企业重视节能减排，产品升级改造，增强企业的社会责任感。与此同时，由于绿色金融的绿色属性与偏好，可以对高污染、高耗能、高排放的企业通过限贷、停贷等方式有效抑制其污染性项目的生产，达到市场化出清的目的，防范污染企业的环境风险。这样通过"一引一出"的政府引导与市场化手段的融合方式有效地解决了环境作为公共物品失灵的问题，推动了企业的绿色投资意愿，提升了我国经济结构中的绿色占比。

（二）绿色金融服务促进节能环保技术发展

节能环保产业是我国重要的战略性产业之一，近年来呈现良好的发展态势。相对环保业产值的逐年递增，环保技术的发展却相对滞后。绿色金融政策的出台将有力地支持绿色创新体系的实施，通过银行的绿色信贷，发行绿色债券等方式筹资，促进企业对环保设备的投入，加大对环保技术的研发力度，从而推动其成为绿色创新的重要力量。此外，绿色金融是政府聚集社会力量服务环保产业的一种有效的市场化手段。由于环保技术的研发具有投入大、周期长、回报慢等特点，因此需要通过融资手段来分担、减轻企业的研发风险，以保持企业和社会力量对环保技术的热情。随着我国的经济增长方式的转变，绿色环保技术必将推动我国产业绿色结构变革。[①]

（三）绿色金融服务推动我国的能源结构调整

能源作为经济社会发展和人民生活水平提高的重要物质基础行业，始终以满足人民美好生活对能源需求为根本，以解决人民用能不平衡不充分矛盾为中心，深入推进能源供给侧结构性改革，能源发展呈现"消费全面回升、供给质量提升、结构持续优化、供需总体平衡"良好格局，为构建清洁低碳、安全高效的能源体系奠定了坚实基础。随着我国能源结构的转型升级，绿色金融在推动低碳能源转型中将积极推动资源配置的激励机制，引导和鼓励资本市场

---

① 张靖. 绿色金融对我国经济结构转型的影响及政策建议 [J]. 上海节能，2018（10）.

支持天然气等清洁能源以及再生能源产业的发展，构建我国绿色能源体系。

（四）绿色金融服务有效提升第三产业的占比

目前，我国第三产业在稳定经济增长、促进供给侧结构性改革、吸纳就业等方面还未充分发挥作用。绿色金融产品能利用资本市场规则高效、准确地调整资本流向，将更多金融资本配置给低消耗、低污染、低资源依赖的第三产业，从而提高第三产业在国民经济中的占比，优化中国的经济结构。

## 三、绿色金融服务对绿色经济转型的路径

（一）构建绿色金融相关的法治体系

第一，我国应加快制定绿色金融基本法，并通过修改和增加现有的相关条款，加入绿色金融的内容，对其业务进行相应的约束和引导。在更多领域和行业推行强制性的绿色保险制度，构建绿色信贷与环境污染责任保险的联动机制。

第二，明确金融机构和相关责任主体的环境法律责任和义务，完善绿色金融基本法律制度及监管制度，规定金融机构的绿色投资使命以及企业的绿色发展机制。

第三，建立企业环境信息强制披露制度。通过修订《公司法》对企业的环境信息披露做出强制性规定，设定一定的标准，促使企业建立和完善绿色信息披露标准体系。

（二）完善绿色金融的激励机制

第一，完善货币政策对绿色金融活动的引导和激励机制，将存款准备金率及利率、公开市场短期流动性调节工具和常备借贷便利等常规货币政策工具与绿色金融激励挂钩，制定"支绿"的再贷款、再贴现等政策安排。通过激励机制设计与"促绿"支持手段的结合，引导社会资本投向绿色产业、绿色项目，扩大绿色金融供给。

第二，对于企业的外部激励机制，除了包括效益补偿、税收优惠和直接财政补贴、投资风险补偿基金支持等正向激励，也应涵盖环境违法类项目的责任追究等负向激励。将企业应承担的负外部性责任以及强制环保信息披露机制与财税激励相结合，形成一个统一的正负激励机制体系。

第三，政府作为市场秩序的维护者，在加大监管力度、执法力度的同时，应加快制定绿色认证制度、风险评估机制、发布绿色债券指数、敦促上市公司

经济发展的新方向：绿色经济研究

清洁化生产、建立绿色融资优先通道等事项的步伐，激励金融市场积极从事绿色金融活动。

（三）不断发展和创新绿色金融产品

第一，在风险可控、商业可持续的原则下，积极探索新型的绿色经济融资模式，通过融资租赁、并购贷款、股权融资、财务顾问、银团贷款、碳金融等多种综合化金融服务方式，积极支持优质客户在技术改造升级、研发能力提高、绿色低碳发展等方面的业务需求，促进企业技术升级。

第二，要在绿色发展基金和环保基金的产品创新上寻找突破口。目前，我国很多试点省份在政府和市场化合作的基金方面，利用PPT引导基金以推动和各地方政府的合作，实现绿色基金在生态环保、绿色交通、资源循环、水污染、土壤、雾霾治理等绿色金融方面的应用。

第三，不断延展绿色金融的发展空间，扩展绿色金融的覆盖面，积极服务实体经济，特别是中小企业，有效解决绿色企业在发展过程中面临的融资贵融资难的问题。支持实体经济要借助绿色金融的融资属性，在创新融资模式的同时建立健全财政支持的长效机制，进而提高绿色金融政策支持实体经济绿色发展的稳定性和持久性。

（四）推动银行业的绿色转型

第一，依托赤道原则实现绿色转型。赤道原则为银行判断、评估和管理项目融资中有关的环境与社会风险提供了一个行业准则。我国银行业的绿色转型需根据赤道原则的要求，将经营模式由单一的经济效益目标向经济效益与生态效益兼顾的复合目标转变。

第二，提升绿色发展战略高度。理念是行动的先导，为将绿色金融理念贯穿于今后的长期发展，建议商业银行将绿色发展提升到战略高度，制订相应的发展目标、产品体系、关键举措和机制保障，从而形成完整的绿色金融发展规划，将绿色融入银行所有的战略决策范围。

第三，强调绿色运营管理。银行业在提供产品服务的同时，通过明确设立总体绿色运营目标并采取内部环境管理手段与引进先进技术减少自身日常经营中温室气体排放及能源消耗。

第四，加强绿色转型中的风险控制。目前，我国银行业还存在风险管理体系不健全、风险量化管理落后、风险管理工具缺乏等诸多问题，过去粗放的风险管理模式难以为继。为此，以引入赤道原则实现绿色转型为切入点，有助于提高我国银行业风险管理能力和防范在经济转型中出现系统性危机的能力。

## 第四节　农村经济绿色转型与路径探索

### 一、绿色发展理念与农村经济绿色转型的关系

（一）农村经济的绿色转型以绿色发展理念为导向

绿色是大自然的颜色，是人之所向、情之所系。绿色发展理念逐渐成为全民共识。[1] 绿色发展理念重视人与自然的和谐，其本质及根本目的在于为人民创造良好舒适的生存环境，客观上要求推动经济社会发展理念的革新以及打造新的经济社会发展模式。绿色发展，顾名思义就是强调"绿色化"对于经济社会发展的基础性和导向性作用。绿色发展理念下的经济发展模式强调的不仅是经济发展的速度，更关注发展的质量以及发展过程中人与自然之间的协调与均衡问题。在过去的一段时间，我国农村经济发展的数据虽得到了极大提升，但是与之相关的生态环境不仅没有同步发展，反而受到了较大的损害。因此，在新的发展阶段上，我国农村经济的发展不能一味地只关注经济发展的数据，而要在贯彻绿色发展理念导向性作用的前提下注重经济发展与其他要素的和谐统一，做到主客体协调统一，避免以牺牲自然资源换取经济效益的情况发生。

（二）农村经济实现绿色转型是绿色发展理念的实现

在马克思主义社会发展观里面，人类社会的永恒主题是发展，人类社会的历史进程是一个从低级到高级、从简单到复杂不断进步的过程。同样，在绿色发展理念的指引下，广大农村地区在追求全面发展的过程中，经济的发展不仅仅只为解决农民"吃穿住行"的问题，更为重要的是，要在经济发展与生态保护协调推进的过程中使农民真切感知，经济建设活动是与自然生态环境相辅相成的良性循环过程。简言之，我国农村经济在实现转型的进程中，不仅只强调经济，更应强调环境，更加注重环境对经济的正向反馈，尤其是要让农民的各个层次需求得到明显的改善和提升，让农民切实感知到经济发展带来的红利，充分感受到其主体性的发挥，体验生活的美好。因此，通过农村经济实现

---

[1] 成长春，吴日明. 建设美丽中国 [M]. 北京：中国青年出版社，2022：83.

绿色转型来促进农民全面发展的过程,就是以"人与自然和谐共生"为绿色发展理念核心要义的价值旨归。

## 二、农村经济绿色转型的必要性和意义

### (一) 农村经济绿色转型的必要性

1. 绿色发展理念的本质要求

绿色发展理念蕴含着丰富的哲学思想,旨在强调人与自然处在紧密联系、相互贯通、相互作用的运动统一体中。人类在生产生活中要有与自然的共生意识,在物质生产实践中切实做到资源开发与社会发展主客体相统一。因此,在该理念的本质要求下,农村经济的建设活动要在坚持经济效益与生态效益的统一性基础上,充分利用农村资源,简约、高效、绿色地发展农村经济。

2. 全面推进乡村振兴战略的应有之义

乡村振兴战略是对全面小康的接续发展,是在新的历史环境条件下为实现农村经济更高质量发展而提出的新举措。加快推动绿色发展理念融入乡村振兴中,满足农民群众对拥有美丽家园的需要,这是乡村振兴的主要支撑。乡村全面振兴要将绿色发展理念融入人们的日常生活中。乡村振兴应是"兴"字当头,产业振兴是乡村振兴的坚实基础,在推进产业振兴的过程中不仅要关注产业门类的增多,更要关注产业振兴秉承的理念和原则。所以,在推进产业振兴的过程中,坚持农村经济的绿色、健康发展,并在保证正确利用农村用地、环境资源的基础上,以绿色发展理念为指导构建绿色生产新模式,积极解决阻碍农村经济绿色发展的问题,这是乡村振兴战略有条不紊实施的应有之义。

3. 科技创新加快经济发展方式转型的基本要求

目前,我国科学技术在创新驱动发展战略和五大新发展理念指引下快速发展,5G技术、人工智能和数据时代随之繁荣发展,科技创新的文明成果被广泛用于经济建设中。正是在此基础上,我国经济的发展模式和农村的生产生活方式正在悄然改变,科技力量正助推着我国农村经济的发展方式转向绿色发展。

### (二) 农村经济绿色转型的意义

1. 促进资源利用,提升生活质量

农村经济发展的落脚点是满足人民日益增长的美好生活需要,绿色农业是将绿色融入农业发展的各个环节,实现农业经济可持续发展,以经济发展反哺

生态环境。农村不像城市一样有较好的发展条件，最初农村经济的发展主要依靠自然资源，在没有任何技术条件的支持下，农村资源采用的是最初级的方式，如喷洒农药、漫灌浇地、乱砍滥伐、全年捕捞等。这种方式不仅没有带来持续的红利，反而使农村的自然资源成为"一次性产品"，破坏后难以修复。同时，农业生产技术落后，农产品质量一般，市场附加价值低，农民年收入低，并且收入不确定因素较多，农民的生活质量低于平均水平，城乡收入差距大，这使农村成为实现共同富裕的"短板"。在这种情况下，实施农村经济绿色发展转型可以创新资源利用方式，在科学技术的支持下将提高资源利用率和农产品产出率。采取科学的耕种和捕捞方式，提倡轮作休耕，设置禁渔期，坚持节约优先、保护优先、自然恢复为主的方针，保护农村的生态环境，提高农产品的质量，打造有特色的绿色农产品，为农户带来可观的收益，从收入方面提高农户的生活质量。

2. 优化产业结构，转变发展模式

农村产业结构模式是一定自然、社会、经济条件作用的结果。每个地区的农业发展条件不同，受其影响产业结构的类型和模式也有差别。农村一直以来以第一产业为主，随着国家"三农"战略的实施，我国农村第二、第三产业比例不断提高，农村经济向绿色转型，注重因地制宜、因时制宜，促进农业从"种植业、以粮为纲"的单一结构向"农林牧渔全面、协调发展"的立体式复合型结构转变。同时，随着绿色农业的发展，人们对农产品的品质要求不断提高，导致生产需求、消费结构和生产结构改变，影响农村农业结构发展。绿色发展要求农村改变过去忽视地区差异、盲目开发资源的发展方式，实现经济增长与生态保护的并行发展。

3. 实现生态保护，共建美丽中国

绿色是美好生活的底色，也是"一带一路"高质量发展的重要内容。只有世界各国携手合作，才能共同应对全球生态环境难题。[①] 生态是美丽中国基础，我国提出建设美丽中国的目标，在党和国家一系列措施的推进下，我国农业生态文明建设已取得了明显进展，农业乡村已经成为实现生态文明和美好中国建设不可分割的重要基础组成部分。做好中国农业乡村生态环境的良好保障工作是当前实现社会主义乡村振兴战略目标中的关键任务，也是顺利建成美丽现代化国家进程中的重要环节。农村经济向着绿色转型意味着农村在实现保护生态环境的基础上达到经济的快速发展，这将是我国在生态保护上迈出的重要一步。

---

① 成长春，吴日明. 建设美丽中国 [M]. 北京：中国青年出版社，2022：166.

### 三、农村绿色转型发展的困境

#### （一）农业科技创新和转化不足

传统农业主要是投入主导型的农业，这一类型的农业缺乏生机活力，依靠外界投入产出，由投入主导型农业向技术主导型的现代农业转变是农村经济绿色转型的一大任务。这需要农业领域与科学技术创新有机结合，合理分配农业资源，提高农业资源利用率，提高农业生产的经济、社会和生态效益。尽管近年来农业领域的科技研发受到重视，取得一定的科研成果，但是农业各领域科技创新的动力普遍低于工业科技创新的动力，其中一部分原因就是科研经费投入不足和缺乏农业科技创新激励机制。同时，农业科技创新也存在许多问题：一方面，由于农业科研机构之间缺乏联动和有效沟通，导致许多科研成果与现实的农业要求之间出现脱节的现象。另一方面，农业科研机构与农业生产领域之间没有实现有效衔接，这一问题和我国的科研对接模式有关，国外的科技成果直接面向市场，由市场的需要决定科研回报。我国的科研主要是由国家拨款投资研究，科研人员的收入不依靠科研成果的实际收益，因此有许多科研项目从一开始就没有考虑过成果转化的问题，农业科技成果不能及时有效精准地运用到农业生产中，这导致科研成果浪费，科技创新力转为农业生产力的效率低下。[1]

#### （二）农业资源投入十分有限

资源投入较少、基础设施、建设资金不足等一直是困扰我国农村经济发展的一大问题。农村经济发展当前面临的最大问题就是缺乏资金，缺少发展的必要条件。尽管改革开放以来我国对于农村经济发展投入不断增长，但相对来说还是投入较少、融资渠道相对单一，绿色农业经济的发展缺乏资金的有力支持，严重阻碍了引进农村高新技术，农村也很难购入一些先进的机器设备。导致这一现象的根本原因是农村的生产投入大、回报小、生产周期长，并且受到的不可控因素多，很少有企业愿意承担亏本的风险投资农村。

除此之外，农业的信贷没有得到金融行业的支持，绿色农业发展所需要的资金也很难通过信贷部门获取。因此，农村的融资渠道主要来源是政府支持，其形式单一，资金数量少。在此类恶性循环的影响下，基础配套设施不健全在

---

[1] 张霄远. 乡村振兴战略下农村经济绿色发展转型探索［J］. 山西农经，2023（8）.

各个地区的农村经济建设发展中层出不穷，极大地影响了农村经济的聚集性、辐射性发展以及多元化建设。此外，还导致农业机械设备无法及时更新，我国粗放式农业发展形势并没有得到改变，浪费了发展的资源。

（三）绿色农业思想和意识落后

由于生活习惯、经济发展观念束缚等因素的影响，很多农村地区仍对人与自然和谐共生这一理念的理解停留在表面，坚信"靠山吃山、靠水吃水"，小农经济的思想仍然占据主导地位。在经济利益与生态利益相互权衡时，往往以经济利益至上，忽略对资源的持续性利用，给绿色农业的进一步发展带来了很大挑战。农民是乡村经济发展的主体，是维护生态环境、发展绿色经济的主要执行者。绝大多数农民受教育程度有限，他们无法正确理解农村经济建设的政策，因而落实的效率也就相当有限。

（四）农业产业化水平较低

以绿色发展为先导的农业全产业链整合是确保农业质量和环境保护、实现农业绿色转变的关键。当前农村区域的绿色经济发展水平偏低，绿色农产品生产企业规模较小、产品质量低，绿色农产品的产业链存在一定问题。一是农产品下游产业发展滞后，尤其是下游产业中的农产品加工滞后，对农产品进行精细加工和深度加工企业数量较少，导致大量农产品只能作为原材料售卖，产业链条偏短，产品附加价值低，副产物综合利用程度低，农民获得的利润较少，经济收入情况不佳。二是以家庭和个人为单位的个体经营方式仍是农村经济发展的主要方式，规模较小，无法推动农业大型机械的使用。在经济上，农产品生产经营较为分散，无法从根本上降低农业生产成本。同时，大多数农户缺乏品牌营销意识，绿色农产品在市场中的认可度低，大多数绿色农产品都作为普通食品直销，这打击了农户的积极性，阻碍农村经济绿色发展。三是绿色农产品的销售模式落后。目前，互联网掀起"带货"热潮，拉动了经济的增长，但是大部分农户不了解网络营销模式。尽管有些农户有改变销售模式的想法，但对于如何解决商品保存、运输等问题也没有好的办法，最终还是选择传统的营销模式，所以部分绿色农产品面向的市场很小。

## 四、农村经济绿色转型发展的路径

（一）加强对绿色理念的培育和认知

要大力培训农业农村居民的绿色环保意识，加强青少年对绿色发展理念认知和认同的培育。广大农村地区对青少年进行绿色发展理念教育，要充分发挥教育部门的主导作用，汇集各部门优势，合力共建以学校环境教育为主导的社会教育体制。从幼儿教育抓起，以绿色发展理念为指导，将绿色环保理念教育思维融入"小学—初中—高中—大学"完整的教育体系中。使学生在学习文化知识的过程中自觉培养绿色环保意识，为农村地区经济发展方式实现绿色化转型构建起绿色发展理念的群众基础。[①]

（二）坚持用绿色理念引领农村经济绿色转型实践

农村地区在发展经济的过程中，应将绿色发展理念贯穿到经济发展的整个过程中。要持续推动农业农村改革，坚持以产业振兴为发力点，在生产活动中充分发挥广大农民的主体地位，积极引导其在生产实践全过程中认识、理解绿色发展理念。保证广大农民能够尊崇和遵循自然，不以牺牲生态环境为代价换取短期效益，切实领悟到"绿水青山就是金山银山"理念的深刻内涵。坚持节约优先，充分利用自身所拥有的闲置资源，在开展日常的经济生产活动中真正践行绿色发展理念。在"理念助农、实干兴农、品质强农"的指导思想下，始终把绿色发展理念作为实现农村经济绿色发展的新航标。

（三）聚合科技力量助推我国的农村经济绿色转型

基于科技创新在农村地区应用的不足，一方面，政府相关部门应以实现废物资源化、生产清洁化、产业模式生态化等现实目标为导向，组织相关科研机构攻关和研发重大科研项目，如大力推进"三节"等资源节约型农业技术研发应用，使科研成果真正转化成具有实用性的装备，助力农村经济实现绿色发展。另一方面，要充分利用地方高校的科研实力，积极开展校农合作，组织高校师生下乡活动，了解农村在发展过程中所遇到的阻碍以及针对这些出现的问题实施的具体方案。促进农村绿色经济发展，开发适宜、低碳、高效的农业装备，推动我国农村经济绿色转型。[②]

（四）健全农村经济绿色转型的资源管理体系

在推进农村经济绿色发展的进程中，要充分认识经济效益和社会效益的提升是在坚持生态环境与经济发展保持平衡的基础上实现的。为了使这一平衡不被打破，应在推进农村经济绿色发展的过程中，将绿色发展理念以制度条文的

---

① 万方旭. 绿色发展理念下农村经济绿色转型的路径研究［J］. 南方农机，2022（15）.
② 杨青英. 绿色发展理念下农村经济绿色转型的路径研究［J］. 南方农机，2023（7）.

形式落实到农村的经济生产活动中。当然，要使制定的制度具有效力性和约束性，就必须在不违背自然规律、市场规律的基础上，通过广大农民广泛协商、集中民智，以"村规民约"的形式构建完善的、强有力的农村环境资源管理体系，为我国农村经济绿色转型提供坚实的制度保障和有价值的指导方向。

## 第五节 东北地区产业绿色转型升级研究

### 一、东北地区产业绿色转型升级的方向

（一）传统能源产业向新能源产业转型升级

传统能源产业向新能源产业转型升级是绿色经济视域下东北地区能源产业转型升级的重要方向。东北地区工业产业发展比重大，对石油、煤炭等能源资源的消耗大，且"三高一低"型的产业发展方式亟待转变。为解决东北地区资源问题，提高能源利用效率，应将绿色经济理念贯穿于东北地区能源产业发展的全过程，加快能源产业转型升级，推进东北地区传统能源产业向新能源产业转型升级。一方面，要促进石油、煤炭能源产业的升级，提高石油、煤炭能源资源的利用效率，降低这类能源资源的低效率利用以及高污染排放；另一方面，要加强太阳能、天然气、地热、风能、生物质能等清洁能源、新能源的开发利用，逐步替代传统能源，进一步推进东北地区传统能源产业向新能源产业转型升级。

（二）工业制造业向智能制造业转型升级

工业制造业是东北地区的支柱型产业，在东北地区经济发展中占据不可忽视的地位，工业制造业的转型升级既是转变东北地区工业制造业发展方式、提高工业制造业发展质量的重要推手，也是深入推进东北地区新型工业化进程、实现东北经济振兴的关键。在绿色经济视域下东北地区工业制造业也将面临新的挑战和新的机遇，特别是以互联网、人工智能、物联网、大数据等现代信息技术为依托的工业互联网发展，将为东北地区工业制造业转型升级提供强有力的支持。通过新技术与传统工业制造业的有机融合，进一步加快东北地区工业制造业转型升级，以智能制造为代表的工业产业将进一步优化东北地区工业产

业体系，加快智能制造业布局和发展。进而提高工业产业发展质量和效益，加快工业制造业绿色、低碳、高效、智慧、集约化发展。这是绿色经济视域下东北地区工业制造业转型升级的重要方向。

（三）传统农业向绿色农业转型升级

农业是国民经济的基础，农业安全问题是关系国计民生的大问题，东北地区作为重要的粮仓，农业的高质量发展势在必行。而农业高质量发展离不开农业绿色发展，农业绿色发展是农业现代化发展的必然选择，也是推进农业转型升级、提升农业发展质量效益的重中之重。因此，在绿色经济视域下，东北地区农业产业应该由传统农业向绿色农业转型升级。通过农业绿色发展、转变农业发展方式、提高农业综合生产能力和农产品质量安全，进一步推进东北地区农业绿色、高质量发展，形成东北地区农业经济新的增长点。

（四）传统服务业向绿色服务业转型升级

东北地区传统服务业往往忽视产业发展的绿色经济效益，资源浪费或环境污染现象时有发生，服务业发展的层次低、质量效益低不利于东北地区服务业高质量发展。在绿色经济视域下，东北地区传统服务业势必迎来新的机遇，传统服务业逐渐向绿色服务业转型升级。从具体行业来看，绿色金融行业、绿色生产性服务业、绿色生活性服务业等绿色化、现代化服务业的发展将进一步转变东北地区传统服务业发展方式，提高服务业产业质量和效益，提高环境效益和社会效益，实现服务业绿色转型升级。所以，绿色服务业发展是东北地区传统服务业转型升级的重要方向。[①]

## 二、东北地区产业绿色转型升级存在的问题

（一）非清洁能源消费过多

东北地区产业绿色转型升级的实质就是通过提高资源利用率、减少废水、废气的排放等方式，使产业结构更加合理化、高度化，在发展经济的过程中要实现绿色增长。东北地区的煤炭资源丰富，东北地区的煤炭能源消费占主要部分，而天然气、电力等清洁能源的消费较少。煤炭等非清洁能源的使用是东北地区产业发展中造成碳排放量过多，使东北地区的污染加重的主要原因，但开

---

① 刘国斌，崔明月. 绿色经济视阈下东北地区产业转型升级研究 [J]. 哈尔滨商业大学学报（社会科学版），2022（1）.

发清洁能源对技术水平要求较高，需要有新兴的技术，同时还要有大量的资金成本，因而难以大规模应用，在开发和应用方面也是一个难题。因此，东北地区在未来长时间内还会继续使用煤炭、石油等能源，这将成为阻碍东北地区产业绿色转型升级的重要因素。

（二）重工业比重较大

在国家重化工业化战略下，东北地区重工业发展进程加快，钢铁、能源、重型机械、化工、汽车等行业占重工业中主要地位。在全国性工业结构调整过程中，轻工业得到良好发展，而东北地区仍未改变重工业发展方式，造成经济发展水平降低的现象。实施东北老工业基地战略以来，产业升级取得明显效果，但东北地区重工业仍占比较高，存在高耗能、低附加值的产业，对环境破坏严重。东北地区的石油、煤炭、加工业、交通运输设备制造业等有明显优势，而高新技术产业、通信设备、电子信息制造业等发展缓慢，没有竞争优势。目前，东北地区的重工业发展不会发生重大的变化，环境污染很大程度上是由于重工业的废物排放造成的，这是制约东北地区产业绿色转型升级的重要因素。

（三）区域绿色金融产品单一

近年来，东北地区越来越注重发展绿色经济，要求产业结构向绿色转型，而绿色金融的完善有利于推进经济绿色健康发展，实现低碳经济，为东北地区产业绿色转型升级提供帮助。目前，东北地区的"绿色债券""绿色信贷"等金融产品单一，服务的创新性不足，绿色基金发展不完善，难以对一些绿色项目进行融资。绿色信贷的相关机制不健全，金融机构制订绿色信贷的政策与执行时不一致，这导致绿色金融手段无法为东北地区节能减排和技术创新提供支持。东北地区也出台了关于绿色保险的指导文件，但未规定强制性投保，环境污染损害认定等政策还没有出台。东北地区绿色金融的激励机制不强，银行、企业等在绿色金融的开展方面缺乏积极性，东北地区很多中小银行较少开展绿色信贷业务。总之，激励性优惠政策不强，限制性条款也较多，这导致金融机构在发展绿色信贷等金融产品的方面缺少积极性。

（四）技术创新能力不足

东北地区已经与国内外科研所建立合作构建了多家重点实验室、企业技术开发机构和科研机构，初步形成了以科研所、高校和专业技术开发机构为依托的技术创新体系。在信息、新材料等领域取得研究成果，但具有自主知识产权的产品不多，其科研能力不够，缺乏核心竞争力，与产业间联系不紧密，这导致东北地区现有技术难以支持装备制造业的发展，对经济促进作用不强。各产业间没有形成创新机制，相应政策不完善，限制了企业创新的能动性。同时，东北地区对技术资金的投入不足。技术投入减少对东北地区产业技术创新产生不利影响，进而使能源消耗增多，阻碍了产业绿色转型进程。

### 三、东北地区产业绿色转型升级的路径

（一）提高能源利用率并促进能源产业转型

近年来，东北地区的清洁能源逐渐被开发，得到了较大程度的发展，但清洁能源的使用占比较低。因此，我们应完善清洁能源制造的产业链，从而提高资源利用率，加大对天然气、太阳能等清洁能源的消费。在各产业生产过程中使用绿色低碳技术，减少对环境的污染程度，促进节能减排。完善能源资源税收制度，在核算税收时不能忽略能源开发的开发成本、资源和生态环境成本，用能源产品实际价格作为税收依据。要深化资源管理体制改革，各企业不应无偿使用矿产资源，建设矿产交易平台，有效管理和规划矿产资源。同时推进矿产资源开发整合，引导矿山企业提高回采率和综合利用率。推进东北地区能源产业总体布局，规划具体实践内容，引导东北地区能源产业的发展，并完善新能源产业相关法律法规，规范新能源产业的准入标准、检测标准等，从而加快能源产业绿色转型。

（二）调整产业结构从而减少重工业比重

首先，提高服务业发展力度。采用税收优惠、加大资金支持、放宽市场准入等方式支持发展金融保险、第三方物流、产品设计等行业。推进东北产权交易平台互联互通，开发多种功能并进行地区间整合。使用电子商务、跨境电商等互联网销售方式和新兴技术，提高传统服务业如商贸、交通运输等的发展水平。其次，调整工业内部结构。以现有的装备制造业为基础，运用人工智能提高设备的系统集成能力，重点发展汽车、数控机床、船舶等产业，加大对制造业的投资，完善上下游产业链，使相关产业部门进行聚集，提升东北地区装备制造业的发展，促进工业产业绿色转型。最后，发展绿色农业。为节约水资源，应种植抗旱、节水型农作物，在保证农民增收的前提下使农业结构趋向合理化，建立省级绿色农业基地和农产品出口基地。在发展农业过程中要树立绿色发展意识，减少使用在农作物上的化肥和农药，建立绿色农业资源，发展现

代农业，使农业产业向绿色化转型升级。

（三）完善绿色金融的相关政策

东北地区各环保部门以及银行、各企业以及金融机构之间应尽快解决信息不对称的问题，同时各地区银行对东北地区治理污染产业等项目积极提供融资服务，增加企业的项目资金，有利于产业进行节能减排。对绿色金融产品进行创新，开发出更多的信贷产品、绿色债券等，创立一个具有绿色信贷、绿色保险等的绿色资本市场。制订绿色信贷政策，不对违反国家产业政策、对环境有污染的企业发放贷款。环保部门与银行之间建立合作，形成信贷和环保相互配合、相互促进的机制。设计出较新的绿色保险产品，并利用东北地区的土壤优势，发展农牧类等绿色保险，使绿色金融工具多样化，提升东北地区绿色金融产品的服务与使用能力，为环保产业发展提供全面的融资支持，进而促进产业绿色转型升级。完善相关法律法规，通过使产业政策和财政政策相配合，大力发展绿色金融，对改善生态环境、调整产业结构有重要意义。[1]

（四）提高自主创新能力来发展高科技产业

要走新兴工业化道路，就要加强技术创新，提高自主研发能力，加大对技术的资金投入，建设高技术产业化项目，发展具有知识产权的核心技术。一方面，要建立技术研发转化机制，着重研发新技术来减少生产中的碳排放，推动东北地区节能环保优势企业与科研机构和高校建立技术研发中心，联合攻克行业的技术难点。信息业是发展高新技术产业的基础，因此要加大对信息业、新材料产业、新能源产业等的科技创新能力，形成具有高技术的产业集群，为东北地区产业绿色转型升级提供高技术产业增长点。另一方面，建立区域创新平台，将教学科研与企业生产相结合，同时重点支持新产品、新工艺以及面向产业链、产业集群的关键技术的开发。例如，将辽阳高新技术开发区内的产业向电子信息、软件、新型装备等行业转型。东北地区应加大对技术的资金投入，促进科技成果转化，打造产业内特有的技术优势。积极培育高新技术产业和绿色产业，使用新技术，减少废弃物排放，这可以为东北地区产业绿色转型升级提供有效的帮助。

---

[1] 冯雨欣，刘生．东北地区产业绿色转型升级的问题及对策探究［J］．现代商贸工业，2022（24）．

### （五）基于现代农业推进农业绿色发展

要积极发展现代农业，推进农业绿色、高质量发展，并扩大绿色农产品的规模。在稳定国家商品粮基地建设的同时推广种植抗旱、节水型农作物，降低农业对水资源消耗的比重。结合农民增收、农业增效，大力调整农业内部结构，建立一批高标准的国家和省级绿色农业基地与农产品出口基地。东北地区农业产业发展过程中严禁超标使用化肥和农药，提高农业可持续发展的能力，防止农业资源的污染和破坏。要将绿色经济发展理念贯穿于农业产业发展的全过程，实现农业产业由传统发展模式向绿色高效农业发展模式转型。加强低碳技术、绿色技术在农业产业生产加工环节的应用，提高农业资源的利用率，降低生产等环节的污染物排放，节能减排，切实推进农业产业向绿色化、生态化转型升级。

### （六）构建服务业的绿色平台和体系

一方面，要积极构建服务业绿色发展平台，加强绿色服务业示范基地和产业园区建设，加快产业绿色转型升级，提高服务业绿色发展质量。同时要建立绿色服务业支撑平台，整合东北地区服务业数据流、信息流等资源，为东北地区绿色服务业发展提供决策支持和服务；另一方面，要完善绿色服务业产业体系，加快东北地区产业绿色转型升级，提高产业发展质量。要推进东北地区绿色生产性服务业和生活性服务业发展，重点推进绿色金融、绿色物流等行业部门发展，改变传统服务业发展模式，促进现代服务业发展。加快低碳环保产业发展，通过技术进步和创新加快传统产业生产、加工、流通方式创新升级，降低产业发展全过程中的环境污染和资源能源利用效率，提高产业绿色发展质量，进而加快东北地区产业转型升级。

# 第五章 绿色经济的发展

绿色经济的发展是一个长期的过程。本章首先分析了绿色经济在全球的兴起,接着进一步探讨了我国绿色经济发展面临的机遇与挑战,论述了我国绿色经济发展的新常态,最后详细地研究了绿色经济与可持续发展等相关的内容。

## 第一节 绿色经济在全球的兴起

绿色经济在全球范围内的兴起是伴随着科技进步和生产力的发展而逐步实现的。20世纪90年代,英国经济学家皮尔斯在《绿色经济蓝皮书》中首先提出绿色经济的概念。2008年10月,联合国环境规划署率先发起了全球绿色经济倡议,目的在于通过绿色投资等推动世界产业革命、发展经济和减贫等。该倡议的目标是使全球领导者以及经济、金融、贸易、环境和其他部门的政策制定者意识到环境投资对增长经济、增加就业和减少贫困所产生的贡献,并将这种意识体现到日常决策中。该倡议所秉承的宗旨和理念是:经济的绿色化不是增长的负担,而是增长的引擎。在此目标下,环境署提出未来的绿色经济构想,建议投资全球生产总值的2%用于绿化十个核心部门:农业、能源、建筑业、水资源、制造业、旅游业、林业、渔业、废弃物处置以及交通运输业,促使公共和私人资本流向低碳消耗的部门,转变经济发展的模式。2011年,联合国环境署发布《迈向绿色经济》报告,其首次定义了绿色经济。经济合作与发展组织也在其2011年发布的《迈向绿色增长》报告中界定了绿色增长概念。[1]

目前,绿色经济已经成为世界潮流。伦敦、匹兹堡和首尔峰会等都将环境

---

[1] 唐动亚,吴加恩,康贺.当代中国绿色经济发展研究[M].长春:吉林人民出版社,2019:45.

与发展作为重要议题之一，对绿色发展、绿色投资、气候变化等议题的关注逐渐深入。联合国可持续发展大会将可持续发展和消除贫困背景下的绿色经济作为大会的两大主题之一。世界各国为促进经济复苏和创造就业机会，纷纷提出了一系列绿色经济发展战略，中国等国家将发展绿色经济作为提升国家经济竞争力的核心手段，制定绿色经济和绿色增长相关战略、颁布绿色生产和绿色消费相关法律法规、加强绿色投资与绿色创新，其目标就是要占领全球绿色经济竞争的制高点。这标志着绿色经济革命已成为重要的全球议题与共识。

## 第二节 我国绿色经济发展面临的机遇与挑战

### 一、我国绿色经济发展面临的机遇

（一）国际环境中面临的机遇

相比于发展中国家，西方发达国家的绿色经济发展水平相对比较高，而在全球经济一体化背景下，西方发达国家绿色经济的发展也在潜移默化中影响着中国绿色经济的发展。在全球资源一体化环境下，西方发达国家在绿色经济发展中所运用的先进技术与资源也被转移到中国，并对中国绿色经济的发展产生重要的影响。同时，由于具备共同的环保理念及资源共享理念，西方发达国家在绿色经济发展方面也给予中国一定的指导与帮助，以达到共同保护环境的作用。此外，西方发达国家在绿色经济发展方面的经验与教训，也给我国提供了重要的参考与借鉴。这些都给我国绿色经济发展创造了机会，为我国绿色经济发展提供一个良好的国际环境，加快我国产业结构的升级，提高我国绿色经济发展水平。[1]

（二）国内环境中面临的机遇

近年来，我国绿色经济发展迅速，人们的环保意识逐渐增强，产业结构调整速度逐日加快，越来越多的企业、商家投入绿色经济的建设中，这为我国绿色经济发展提供一个良好且较为开放的环境。同时，党和政府十分重视绿色经

---

[1] 王惠．当前我国关于绿色经济发展所面临的机遇与挑战 [J]．科技视界，2014 (34)．

济的发展，重视产业结构的调整。在绿色经济发展过程中，提出了促进产业结构调整的三要素：（1）重视高新技术产业的发展，不断提升先进制造业的发展水平。这对绿色经济发展产生较大的作用，通过高新技术及先进制造业可以改变传统粗放型的经济形式，加快产业结构调整步伐；（2）提高服务业的发展水平。绿色经济发展水平提升不上去，与其服务水平不高有着密切的关系，只有提高配套的服务水平，让更多的消费者感受到绿色产品带来的好处，才能让消费者更多地接受绿色产品，才能更好地推动绿色经济的发展；（3）建立与完善基础产业设施。目前，我国绿色经济发展水平不高，基础配套设施不完善是其发展的瓶颈之一，只有建立和完善基础设施，加快产业调整才能真正促进绿色经济发展水平的提升。

上述三要素均有利于我国绿色经济的发展，为我国绿色经济发展提供政策上的支持，在较大程度上影响和促进我国绿色经济的发展。此外，近年来，我国再生清洁能源得到较快的发展，核电、风电、太阳能等技术日渐成熟，这些再生清洁能源的应用与推广也推动了我国资源节约型社会的发展，为我国绿色经济的发展创造良好的条件。

## 二、我国绿色经济发展面临的挑战

### （一）政府投资水平低且项目融资困难

我国经济刺激方案的绿色投资比例可能较高，但总体上仍处于较低水平的绿色投资，尚未建立起有利于绿色技术创新推广的市场机制。一方面，尽管政府已出台了不少政策，但出发点和目标还停留在解决资源浪费和污染严重等初级发展阶段面临的基本问题上，缺乏对新兴产业和产品创新的动力和能力以及在提高能效和可再生能源开发方面的集中投资；另一方面，国内绿色产业融资平台主要是商业银行，整个绿色产业处于起步阶段、规模不大，依赖政府的投入易造成投资渠道单一、结构失衡，大的商业银行的信贷支持往往并不到位。此外，银行对于绿色项目仅依靠传统贷款的模式，缺乏必要的融资工具和金融产品，市场经济导致政府对绿色产业的补贴和优惠政策较少，存在不能形成规模经济和信息不对称的问题。

### （二）绿色企业的发展面临多重困境

首先，成本较高，市场化发展受阻。很多企业缺乏危机感和紧迫感，在利润最大化目标下以社会利益为代价。由于市场投机性强，短期行为严重，而国内绿色产业缺乏资金、人才、信息等因素且投入较多,很多企业都不愿意引入先进的绿色技术。广大技术含量低、劳动密集型的高污染企业面临更高的生产成本,生产规模难以达到绿色经济的要求。其次,企业决策者对绿色创新的重要性认识不足制约了绿色技术的发展。企业组织结构不合理,缺乏创新,绿色项目开发和服务中心普遍尚未建立,绿色技术信息网络和机制不健全。最后,在绿色营销方面,由于市场尚处于起步阶段,需求不明显,企业缺乏良好的营销渠道,这导致了创新方向难以预测。

### (三) 绿色行业受发达国家绿色壁垒的阻碍

国内绿色技术开发的周期长、费用高、风险大、利润相对较低,加之市场的不规范、不完善、不健全以及利益激励机制的不完备,缺乏对绿色投融资、绿色监管、绿色评价体系的统一规范,这些都制约了绿色行业的发展。此外,我国还面临发达国家绿色壁垒的障碍。由于发展中国家出口产品的环保指数较发达国家相距甚远,特别是许多发达国家有意将进口商品标准和法规复杂化,制定内外有别的双重标准,通过贸易技术法规披上合法的外衣,常常以安全、卫生不符标准或技术法规为由限制进口。不少发达国家为了追求本国环境的改善,将高污染工业向发展中国家转移,损害了发展中国家的利益。

### (四) 消费者的绿色消费意识比较薄弱

首先,绿色产品的技术创新和低污染决定其较高的价格门槛,售价比一般产品高出很多,属于高层次理想消费。而我国目前国民整体收入水平不高,消费者实现消费行为的绿色化存在很大障碍。其次,我国绿色消费意识仍然比较薄弱,消费者很少考虑其使用甚至生产过程中对环境的影响。最后,由于广大消费者对绿色产品的认识还处于初级阶段,国家没有成立专门的绿色管理部门,使绿色产品市场尚未形成一个完善、规范的管理体制,低的消费水平和薄弱的绿色消费意识以及绿色消费市场的不完善使我国绿色消费处于低位消费的起点阶段。[①]

---

[①] 牟大志,李洋. 我国绿色经济发展面临的机遇与挑战 [J]. 西南石油大学学报(社会科学版),2009 (6).

## 第三节 我国绿色经济发展的新常态

自2008年全球次贷危机以来,我国经济发展下行,经济中高速增长已成为新常态。在此背景下,我国学者纷纷倡导应遵循绿色发展理念,走绿色发展的道路,转变经济发展方式,实现产业结构转型,形成经济增长的内生动力机制。作为新兴的经济大国,中国坚持走绿色发展道路不仅是我国在新常态下社会、经济和生态环境和谐统一发展的必然选择,这将对全球经济的可持续发展产生深远的影响。

### 一、中国绿色经济的背景和内涵

(一)中国绿色经济的背景

自改革开放以来,我国经济快速发展,创造了世界发展史上的奇迹。但是经济发展的背后也付出了较大的代价,即自然资源的极大消耗和浪费、环境的严重破坏以及生态系统的失衡等问题。这些问题的存在不仅严重影响了我们的生活质量,也阻碍了经济的可持续发展。所以我们需要转变经济的发展模式,发展绿色经济,使经济发展与生态环境相协调,以达到兼顾生态效益、经济效益和社会效益统一的目的。同时,绿色经济以资源节约和环境友好为重要特征,以经济绿色化和绿色产业化为内涵,包括低碳经济、循环经济和生态经济在内的高技术产业,有利于转变我国经济高能耗、高物耗、高污染、高排放的粗放发展模式,有利于推动我国经济集约式发展和可持续增长。

我们要科学认识当前形势,准确研判未来走势,必须历史地、辩证地认识我国经济发展的阶段性特征,准确把握经济发展新常态。从资源环境约束看,过去能源资源和生态环境空间相对较大,现在环境承载能力已经达到或接近上限,必须顺应人民群众对良好生态环境的期待,推动形成绿色低碳循环发展新方式。这表明在我国经济发展新常态下,绿色经济的发展是十分必要的,是符合当今我国基本国情的。只有以绿色经济为主要的发展方向才能促进经济的可持续发展,实现社会的和谐发展。

(二)中国绿色经济的内涵

绿色经济这一概念首先是由英国经济学家皮尔斯(Perls)提出的,他主张从社会和生态的角度出发建立一种"可承受经济",即不会因为盲目追求经济量的增长而造成社会分裂和生态危机,不会因为自然资源耗竭而使经济无法持续发展的经济发展模式。之后,联合国又将绿色经济定义为:改善人类福利和社会公平,同时极大地降低环境危害和生态稀缺性的经济模式。但是,在我国当前的经济发展新常态的视域下,绿色经济具有更丰富、更具体的内涵。

1. 绿色经济的宗旨是以人为本

无论是宏伟目标还是战略部署,以人为本是最主要的宗旨。把人民的角度作为一切问题的出发点,着力解决关系人民福祉、关系整个民族未来长远大计的问题,体现了中国共产党对执政使命的深刻认识和充分理解。所以,经济发展新常态下,不能再单纯地以 GDP 的发展速度和增长总量为主要目的,而应该按照以人为本的理念和原则,坚持从人民群众的根本利益出发,做到真正依靠市场和社会的力量。特别是以人力市场机制作为根本出发点,大力发展多层次、多元化的绿色经济发展体系,实现绿色人力资源市场一体化有效流动配置。面向社会、面向世界、面向未来,从而使其全面、协调、可持续的发展自始至终建立在稳定有序的人力资源支撑能力的基础上。经济和环境资源的协调和可持续发展是绿色经济发展的表现形式。追求人类社会福利最大化是绿色经济发展和增长的根本动力。实现人的全面发展和生活质量的提高是绿色经济的根本目标。[①]

2. 绿色经济是以质量和效益为发展目标的经济

在新常态视域下,经济发展的条件出现了新变化。在生产要素上,开始了由主要依靠劳动密集型向主要依靠人力资本质量和技术的转变;在市场竞争上,开始了由主要以数量扩张和价格竞争为依托转向以质量型、差异化竞争的特点;在资源环境的利用上,开始了由过去的能源资源和生态空间相对宽松的状况转向环境承载力减弱导致将要达到上限的状况,可见人民对良好的生态环境的期待和要求越来越迫切。这些情况的新变化都要求在以后的经济发展过程中要以经济的质量和效益为目标。在经济发展新常态下,虽然发展是第一要义,但不是盲目的。我国经济不仅要保持稳速的增长,更要注重提高经济发展的质量和效益,即绿色经济发展要摒弃规模速度型粗放增长,实现经济的集约型增长,以最少的要素投入、最小的资源环境代价付出产出最多的产品,获得更大的经济效益。如果不彻底改变传统经济发展模式,经济的健康持续发展就会缺少基本的保障,也不利于我国整体发展水平的提高。所以,我们要坚持以质量和效益为发展目标的绿色经济。

---

① 李亚楠,郭元飞. 浅析我国经济发展新常态下的绿色经济 [J]. 商,2016 (2).

### 3. 绿色经济是保护环境的有效机制

绿色经济是以改善生态环境、节约自然资源为必要内容，以经济、社会、自然和环境的可持续发展为出发点，以资源、环境、经济、社会的协调发展为落脚点，以经济效益、生态效益和社会效益兼得为目标的一种发展模式。改革开放以来，经济的粗放型发展和粗放型的消费对我们现在的环境和资源造成了极大的破坏，这为我们传统的经济发展模式敲响了警钟。如果我们只一味地追求经济的增长，而不管资源利用和环境破坏的程度，这是和我们建设小康社会和社会主义和谐社会相背离的。所以走建设资源利用集约型经济和生态环境保护的新的经济发展道路，即绿色经济的发展道路是势在必行的。这也是我们放弃高耗能、高污染的增长模式，实现经济转型，破解环境污染、实现人与自然和谐发展、建设美丽中国的战略选择，是保护环境的有效机制。

## 二、新常态下我国推进绿色发展的现实条件

### （一）政府积极实施绿色发展战略

绿色发展是我国经济发展转型的必然选择，也是经济新常态对我国发展战略调整的呼唤。我国政府长期以来都非常重视资源环境问题，从战略上推动绿色发展。为了持续推进绿色发展，近年来，党中央提出了一些重大发展战略部署。一方面，提出了建设"两型社会"的战略。为了加快"两型社会"建设，党中央要求我国生产和消费领域必须努力提高资源利用效率，并且要求在生产和消费各个环节中要避免破坏环境的行为发生；另一方面，提出了"转变经济发展方式"的战略。[①] 这就要求我们必须将节约资源与保护环境有机结合起来，有效推进绿色发展、低碳发展、循环发展。

### （二）政府培育大批绿色战略性新兴产业

我国政府为了有效推进绿色发展，对产业结构实施了战略性调整。一方面，为了改善绿色生产率，加快产业结构调整步伐，大刀阔斧地关闭落后产能。另一方面，持续加大对环境污染治理的投资力度。我国新能源产业发展迅速，培育了大批节能环保等绿色战略性新兴产业，并且一部分新兴产业在相关领域处于国际竞争优势地位。同样，我国光伏发电建设速度也非常快。为了进一步推进绿色新兴产业和新能源的发展，要实现新一代光伏、生物质能、大功

---

① 崔禄春. 中国共产党百年制度史［M］. 北京：中国工人出版社，2022：314.

率高效风能、氢能、智能电网等关键核心技术的突破及产业化。此外，对传统能源要进行升级改造，提高其清洁化利用水平，并加大天然气、风能、太阳能、地热能等清洁能源的开发和利用力度，持续推进接续替代产业的发展。

（三）民众的绿色消费意识日渐增强

由于生态文明理念已深入人心，加上政府通过各种方式进行绿色消费宣传，民众的绿色消费意识正在逐步增强。由此可见，绿色消费日渐成为民众的共识和追求，发展绿色产业将成为一种时尚。另外，很多民众也愿意购买绿色产品。这表明了我国民众的绿色消费意识正在逐步增强，绿色消费作为一种全新的消费理念，正逐渐被大多数民众所认可。

### 三、新常态下我国绿色经济发展的意义

在经济新形势下，以生产要素为驱动和破坏环境为代价的粗放型经济高速增长模式并不可行，过去"高消耗、高投入、低效率、低产出"的经济增长模式急需转变，中国经济需要做出改变。因此，中国经济进入新常态是经济发展规律的客观体现，同时也是我国经济发展到一定阶段的必经之路。中国经济新常态意味着经济发展方式的转变、经济增长模式的跃迁和经济增长动力的切换。新常态下助力绿色转型、推动绿色经济发展是促进经济增长、优化能源结构、保护生态环境和维护社会平衡发展的内生动力，也是实现我国经济效益、生态效益与社会效益和谐统一的必经之路。

（一）我国生态文明建设和可持续发展的基本要求

传统的经济发展是通过无节制消耗资源和破坏自然环境的方式来实现的，这种方式造成十分严重的生态环境破坏，如土壤贫瘠、气候变暖、大气污染等问题，在一定的程度上制约了经济的可持续发展。生态文明建设的新常态与可持续发展有着相类似的概念，二者都主张生态平等的价值观，包括人与自然、社会及经济发展之间关系的相融发展、当代人与后人之间的和谐平等。生态文明建设的实质就是把可持续发展提升到绿色发展高度，就是不给后人留下遗憾而是留下更多的生态资产。它是党对经济发展与环境保护之间关系的新认识，也是我国领导人提出的崭新的资源观。在绿色发展的理念中，环境保护与经济发展并不冲突。相反，在生态文明时代，自然资本成为当代最稀缺的要素，需要被合理地保护和利用，促进生产关系和生产力发展。绿色经济发展摒弃了传统的以牺牲自然资源与破坏环境为代价的"不可持续"经济发展模式，取而

代之的是经济与资源环境和谐相融的一种可持续发展的表现形式。因此，绿色发展作为我国生态文明建设的基本要求不仅可以进一步促进经济的增长，还能更好地促进人与自然的和谐相处，全面实现人们生活质量的提高。

（二）转变我国经济发展方式、优化产业结构的途径

经济增长方式要发生转变，就必须对产业结构进行优化调整，即从过去"高投入、高能耗、低产出、低质量"的经济发展模式走出来，以绿色创新驱动模式来促进经济的增长。否则，"黑色经济"发展模式的持续将导致一系列如环境污染、能源浪费、产品质量低下、经济增长放缓等问题。但是，受制于我国经济发展水平、生产管理模式、工业流程、消费方式和政府业绩考核等原因，要彻底转变经济发展方式十分困难。其必须首先对我国产业结构进行优化升级，尤其要对工业进行绿色转型。目前，我国的主导产业仍处于国际分工的中低端，科技含量低，只有加大科技投入，大力发展技术创新、新能源、绿色低碳等新兴产业，才能在经济下行的后危机时代找到新的经济增长点。同时，推进我国产业结构的转型升级、优化投资和贸易结构，从而推动经济增长。还要提高生态文明水平，建设资源节约型和环境友好型社会。

（三）我国参与新一轮国际竞争与合作的客观需要

2008年全球金融危机以来，发达国家一方面积极发展绿色经济以复苏经济，另一方面，在气候、环境和资源能源等问题上不断给发展中国家施加压力。面对环境气候等问题，国际社会强烈要求中国主动承担重任，以负责任的大国形象来应对这些危机。此外，发达国家制定的国际环境条约、碳交易协议和绿色贸易规则等一系列政策给我国的贸易出口带来极大的阻力。可以说，不达标的产品质量、巨大的环境污染和能源消耗问题给我国在国际社会的形象造成深远的负面影响。加之我国的产品生产处于产业链中低端的加工环节，科技创新能力弱、外部依赖性强、产品附加值低、污染排放率高，这些已成为我国政府和社会不可避免的问题。其不但在一定程度上阻碍我国经济的可持续发展，还影响了我国的国际信誉和综合竞争力。要想解决这一困境就必须创新机制体制，实行绿色经济转型，走绿色发展道路，优化资源配置，合理分配生产要素，创新组织管理方式，深化机制体制改革，加大对新能源、生物、光伏等新兴绿色产业的投入，提高生产力和生产效率，积极应对国际社会挑战，以期迎来新的经济增长高峰，抢占新一轮国际竞争的制高点。

## 四、新常态下我国绿色经济发展的困境和策略

（一）新常态下我国绿色经济发展的困境

1. 技术匮乏日益严重

目前，我国大多数企业沿用传统的生产经营模式，科技创新产品较少。这种发展会使企业止步于自身现有的固定发展模式和技术支撑，无法适应现代化国际化跨文化的发展步伐，技术创新成为各行各业必须坚持的一条重要途径。

我国经济发展长期靠投资拉动经济增长，能源的消耗、资源的浪费、环境的污染、产能的过剩，这一切都是源于落后的经济发展模式和不合理的开发投资，不断建立的大中型高能耗、低收入、低利用率的企业导致大量生产力过剩和产能过剩。由此可知，我国必须加大科技投入，而并非大量开发稀有能源及以牺牲环境为代价的投资，提倡以高新技术为主导的创新型企业的绿色发展。

2. 贫富差距不断拉大

从我国的基本国情出发，积极推动城乡经济的一体化发展，沿海和内陆地区的协调发展，三大产业的合理分配一直以来是我国政治经济发展必须坚守的重要原则。随着经济的持续发展，城乡之间仍然存在巨大的贫富差距。城市的发展要素不能及时地流入农村，与中高等收入者的生活水平存在着悬殊。

因此，必须加快城乡一体化的进程，缩减城乡贫富差距，加大对农村可持续经济的投入，加大教育的资金和人力投入。促进农村劳动力向非农产业转移，促进农业集约化生产经营，加速农村的现代化进程，缩小城乡之间的贫富差距，提高人民的生活水平和质量。同时保护好农村的原生态自然环境，绝不能以牺牲破坏环境的方式换取经济的发展。坚持把创新作为我国经济发展的全局性战略性核心地位，缩小城乡之间、沿海内陆之间的差距水平，转变经济发展方式，节约资源、保护环境，提高教育质量，是我国绿色经济发展模式亟待解决的问题。[①]

3. 人类环境日趋恶化

随着经济的发展，人类毫无节制地对大自然的破坏、不合理的利用，这导致一系列后果正在一步步地破坏着人类生存的自然环境，也影响着自然系统的可再生循环。尤其生态、大气环境遭到严重污染破坏，最显著的就是北方频繁的风沙、雾霾。这严重地影响了人们的生活，甚至对人类的健康造成了严重危

---

① 焦彩红. 新常态下我国绿色经济发展模式的探析 [J]. 商，2016 (23).

害,导致学校停课、单位实行弹性工作制,这一切严重地阻碍了我国绿色经济发展和人类的生命健康。

(二)新常态下我国绿色经济发展的策略

1. 建立完整的绿色发展机制体系,使绿色经济制度化

我国应大力发展绿色经济、循环经济和低碳经济,这是实现可持续发展的重要路径。经济增长方式的转变、产业结构的优化和生产效率的提高都离不开完善的制度保障。首先,我国应遵循绿色经济和循环经济在不同阶段的特点和特殊需求,不断更新和完善相关的政策法规条例,以立法的形式将绿色经济、循环经济和低碳经济纳入可持续发展体系法治化轨道中。在完善制度建设时,我国还应从自身实际情况出发,制定相关产业政策,同时对公众的消费加以规范。其次,政府应摒弃过去唯GDP的考核标准,引入绿色GDP作为地方官员的政绩考核标准,提高政府官员的绿色发展意识,引进并扶持新兴绿色产业的发展,加大环境保护的力度。最后,要真正地落实相关的环境保护政策条例和执行手段,各职能部门应相互协作,并结合市场调节、公众监督和经济刺激等手段唤醒各阶层的绿色环保意识。

2. 实施激励政策,促进要素价格形成机制,使绿色经济市场化

我国在发展绿色经济时应着重加强政策导向功能,实施一系列激励政策,如通过税收政策、投资导向政策、产业政策等引导和支持绿色循环经济的发展,形成有效的激励和约束机制。首先,财税部门应对节能环保、信息技术、新能源等战略性新兴产业给予税赋优惠、税赋减免和贷款优先等政策,由计划性的政府投资拉动转为自发的市场导向性选择;并对高污染、高能耗产品扩增税收,如征收新材料税、垃圾税和生态税等来促进生态经济和循环经济的发展。其次,政府可以通过制定相关产业政策,加大对先进制造业、服务业和高新技术等新兴产业的投资力度;最后,价格征定部门可以通过调整和制定资源型产品和最终产品等手段,刺激新兴绿色型产业发展壮大。

3. 加大绿色技术的研发投入和推广力度,大力发展战略性新兴产业

面临巨大的国际社会压力和新格局的产生,我国传统的粗放型增长模式已难以为继,生产要素成本的抬高以及资源环境问题对经济的束缚不断加剧,想要突破这些难题,抢占国际竞争制高点,就必须对产业结构进行调整、优化和升级。从长远来看,伴随规模化发展,低污染、低能耗、高附加值的新兴绿色产业将有望成为未来我国经济增长的重要引擎,大力发展包括新能源在内的新兴产业是我国经济转型的重要突破口,促进经济发展和生态环境和谐相融。总体来看,中国的新能源产业发展前景十分乐观。因此,要

大力发展我国的战略性新兴产业，加大对新兴绿色产业的技术投入，以技术为强有力支撑，发展低碳经济和循环经济。这对于提升我国产业产品的附加值、加快产业绿色转型、提高经济增长质量、抢占未来全球经济竞争制高点有着深远长远的意义。

4. 增进与发达国家及金砖国家的绿色合作，增强国际交流

伴随技术发展和劳动力成本的增加使我国的人口红利逐渐下降，我国传统行业在国际上竞争力正慢慢消失，"世界工厂"的优势也逐渐丧。一方面，这要求我国应加快产业绿色转型步伐，开展符合我国国情的详细的绿色经济发展计划，制定以循环和低碳为重点的绿色经济战略；提高绿色发展意识，充分认识到只有走绿色发展道路，才能避免在下一轮的国际竞争中陷入被动局面；我国巨大的市场潜力为绿色产业提供了充足的空间，只要辅以适当的政策支持，就有望实现跨越式发展。另一方面，在进一步与国际社会接轨中，为积极应对发达国家以环保和绿色标准为名设置的绿色壁垒和贸易屏障，必须大力研发新技术、开发新能源，发展附加值高、竞争能力强的新兴产业，加大对绿色领域的投资；加强与发达国家间的绿色交流与合作开发，加快对外投资与合作步伐，重视国际社会环境保护工作，积极履行国际社会责任，制定共同发展目标，实现互利共赢。

5. 优化资源配置，促进长远发展

在我国市场经济条件下，必须优化资源配置，增强资源优势互补打破传统经济发展模式：

第一，优化产业结构。合理分配三大产业的结构布局，大力发展第一、第二产业的同时，重视第三产业的市场需求。善于发掘市场方向，大力发展适应消费者需求的服务业，使资源达到最优化开发、配置。

第二，优化东西部资源配置。我国东部地区有便捷的交通和有利的市场，同时，西部地区拥有丰富的自然资源和生态资源，优化东西部的资源配置，相应的调整产业结构，从而缩小东西部的区域差距。

第三，优化企业生产要素的合理配置。在我国市场经济条件下，必须遵循市场发展的客观规律，充分发挥市场在资源配置中所起的决定性作用。企业必须注重自身生产要素的优化，密切关注市场的供需变动，根据市场的行情及时调整产品生产经营的主流，优化生产要素的配置，促进企业的长远发展。

## 第四节　绿色经济与可持续发展

### 一、可持续发展的内涵

可持续发展是指在保护环境的条件下既满足当代人的需求，又以不损害后代人的需求为前瞻的发展模式。[①]

可持续发展已成为国际上十分热门的话题，人们对可持续发展一词所下的定义众多。综合各方面的研究，可持续发展的基本要点可归纳为以下几点：

一是以人为中心。衡量一个国家是否符合可持续发展的要求，经济增长率、资源开发利用与环境保护程度这些都是其次的，最为主要的是否体现以人为本。1994年的国际人口与发展大会提出了"可持续发展问题的中心是人"的论点。首先，以人为中心要满足当代人生存、发展的需求，处理好人口、环境、资源、经济、社会发展之间的关系，从而实现人的全面协调发展；其次，要考虑后代人的生存发展问题，在满足当代人需求的同时不能牺牲后代人的资源作为代价，需要协调好当代人与后代人之间的关系。

二是摆脱和根除贫困。目前，世界贫困问题仍十分严重，各地区发展不均衡且贫富差距越来越大。发展中国家人口占世界人口数量的多数，而且相当一部分人口还处于贫困状态，经济发展缓慢，环境问题严重。要想推动全球的可持续发展进程，必须摆脱和根除贫困。

三是保护好自然资源。人类社会的发展离不开自然资源，但是摆在人类面前的是自然资源相对短缺的现状。如何合理、有效地利用自然资源，如何保护自然资源不被过度使用及浪费，如何为后人留下充足的发展空间，这一命题成为世人需要解决的问题。为此，我们就要摒弃原有的不合理的自然资源观，不能无限地向大自然索取资源，也不能无谓地浪费自然资源，在对自然资源开发利用的同时也要对自然资源进行保护。

四是维护生态平衡。可持续发展要求在发展过程中必须处理好人类与环境保护的关系，维护生态的自然平衡。如果人类无节制地向大自然索取资源，那么大自然也会对人类进行报复，如沙尘暴、草原退化、地表沉降、雾霾等环境

---

[①] 徐东海，王树众. 能源与人类文明发展　第2版 [M]. 西安：西安交通大学出版社，2022：212.

问题已经影响到人类的正常生活。要想实现可持续发展，就要注重环境保护，维护生态系统的自然平衡。

五是经济的协调发展。发展是可持续发展的前提，没有发展就谈不上可持续发展。经济的发展丰富了人类的物质生活，提高了人类的生活水平，它是人类发展的前提与保障。但是经济发展不能与发展画等号，经济发展属于发展的一部分，它不能独立于社会其他方面的发展之外，必须做到经济发展与社会发展相协调。

六是强调全球观念。可持续发展是全人类都需要面对的问题，这是人类发展的客观要求和必然选择。因此，全人类应该联合起来，互帮互助，团结合作，共同面对人类社会发展过程中出现的问题与困难。

## 二、绿色经济与可持续发展的关系

当今世界，社会经济的绿色水平日益重要。我们要确保可持续发展战略的顺利实施，就绝不能走"先污染、后治理"的老路，必须在现有的条件和工作的基础上，充分利用经济手段和市场机制来促进可持续发展，同时达到经济快速增长、消除贫困和保护环境的目的。而和环保密不可分的绿色经济则能把环境保护和可持续发展统一起来。

近些年，环境污染已逐渐成为制约各国经济持续发展的重要因素之一。我国环境污染呈加重趋势也非常明显。我国的经济增长在某种程度上是以生态环境成本为代价的。人口众多、资源利用率低、生态环境呈恶化的趋势是我们不得不面临的严峻现实。

随着绿色文明、绿色革命、绿色运动的蓬勃兴起，出现了巨大的绿色市场、绿色产业、绿色产品绿色消费，全球进入了绿色生产力、绿色经济时代。绿色经济对保护和维护自然资源、生态环境及实施可持续发展战略重大的、长远的、全局性的效益是无可限量的。

绿色经济是经济再生产与生态再生产相统一的持续经济，是在经济知识化和全球化条件下市场竞争与生态竞争相统一的持续经济，是经济效益、生态效益和社会效益相统一并最大化的持续经济。它强调以人为本，以发展经济、全面提高人民生活质量为核心，保障人与自然、人与环境的和谐共存，同时又能促进经济持续、快速、健康地发展，使自然资源和环境得以永久利用和保护。绿色经济的兴起将会使国内生产总值以乘数效应增长，对经济产生巨大的影响。

由于发达国家的"绿色壁垒"，我国加入WTO后，在国际贸易方面不断受到绿色壁垒的制约。而发展绿色经济将有助于绿色产业的兴起，有助于绿色生产力的实现，进而提高生产力的发展质量，有助于打破发达国家的绿色壁垒，提高我国经济发展的质量和国际竞争力。

### 三、基于可持续发展的绿色经济发展的策略

绿色经济是以市场为导向、以传统产业经济为基础、以经济与环境的和谐为目的而发展起来的一种经济形式，是人类社会实现可持续发展的必然选择。[1] 我国的经济发展正处在工业化的高速起步时期，当代人类社会面临的一些问题，如庞大的人口群、相对短缺的资源、不断加剧的环境污染等在我国都有体现。大力发展绿色经济应成为我国发展可持续发展战略的重要组成部分。我们的目标应该是在实现经济快速发展的同时，建立一个资源节约型的经济体系，以尽可能少的环境代价实现经济的快速发展。

#### （一）建立绿色经济制度

发展绿色经济要以建立一系列的绿色规则和绿色考核制度为保障，即建立生态环境政策和经济一体化的经济制度。只有将自然资源和生态环境成本纳入规范经济行为和考核经济绩效中，才能达到促进经济与资源环境协调发展的目的。

1. 绿色基础制度

绿色基础制度包括绿色资源制度、绿色产权制度、绿色技术制度、绿色市场制度、绿色产业制度、绿色产品设计制度等。从资源、产权、技术、市场、产业、产品设计等方面为绿色经济发展提供基础和保障。

2. 绿色规则制度

绿色规则制度包括绿色生产制度、绿色消费制度、绿色贸易制度、绿色营销制度、绿色管理制度等。从生态环境和经济绩效方面对各种经济行为进行规范和约束，实现在经济发展中对经济资源和生态资源实行有效的配置。

3. 绿色激励制度

绿色激励制度包括绿色财政制度绿色金融制度、绿色税收制度绿色投资制度等，为绿色经济发展提供动力机制和制度保障。

4. 绿色考核制度

绿色考核制度包括绿色会计制度、绿色审计制度、绿色国民经济制度等。

---

[1] 刘春梅. 绿色经济理念下建筑经济可持续发展的研究 [J]. 中国房地产业，2023（15）.

定量地将生态环境成本的存量消耗与折旧及保护与损失的费用纳入经济绩效的考核中,实现对经济主体真实绩效考核。

(二) 推行绿色理念和教育

目前,我国公众的环境意识依然薄弱,通过宣传和教育提高人们的生态和环境保护的意识将是非常迫切的一项任务。因此,推行绿色理念、宣传和提倡绿色生活方式、倡导绿色消费、对决策管理者进行环境与可持续教育等都将有利于绿色经济的发展。

(三) 建立绿色国民经济核算制度

目前,我国的国民经济核算体系尚未将环境的投入(包括自然资源的投入、生态系统的投入和环境容量的投入)计算在内,这在一定程度上造成了某些地方为盲目追求 GDP 增长速度,忽视资源和生态成本,造成生态环境进一步恶化,也给国家经济的发展带来了风险。各国的历史经验表明,单纯以经济增长为目标的发展模式不可能持续。因此,建立绿色国民经济核算制度已成为一项十分迫切的任务。绿色核算体系的建立将对实现经济增长、社会进步和环境保护的目标具有广泛而深远的意义。

(四) 调整工业结构并发展绿色生产

首先,加快产业结构的调整和技术支撑,将现代科学技术渗透到资源的开发和利用中,用消耗少、效益高的高新技术来代替和改造传统产业,实现产业结构的优化,促使工业布局向资源节约型和质量效益型转变。其次,推行清洁生产,推广和应用清洁工艺和清洁生产是工业发展的国际潮流,是防治工业污染、保护环境的根本出路。因此,大力推行清洁工艺和清洁生产将使我国的工业发展发生质的飞跃。

将传统的企业非持续发展模式转变为现代企业可持续发展模式,实现"绿色转型"和"绿色调整",建立生态化与知识化、可持续化与集约化相统一的新型绿色企业,使原来的产业形成既有利于产业发展,又有利于自然资源和生态环境的良性循环。这将是新世纪企业发展的主导模式。

(五) 建设并发展生态农业

我国正处在传统农业向现代农业转型时期。传统农业由于生产力水平低下,难以承载大量增长的人口,造成对环境生态的破坏。现代农业则由于化肥、农药等产品的使用对环境和农产品造成污染,危害人类的生存和发展。因此，合理利用生态资源、发展农业生物技术和生态农业将是实现农业可持续发展的关键环节。

（六）提倡绿色消费的观念

绿色消费是以"自然、和谐健康"为宗旨的消费形式。随着绿色潮流的到来，绿色消费已成为一种国际时尚。产品需按照有利于环境保护、符合生态规律的思路进行设计和生产。我国应大力发展绿色科技，开发、推广绿色产品，提倡绿色消费，使绿色消费成为自觉行动，以此来推动清洁生产技术和绿色产品设计的发展。虽然我国消费者的绿色消费意识正在逐渐增强，但与发达国家相比仍有待提高，政府应通过多途径倡导绿色消费的观念，绿色消费观念将大力推动我国绿色产业的发展。

# 第六章 绿色经济的管理

人类与自然资源之间的矛盾日益增长,在一定程度上影响了自身发展,在联合国的倡导下,现代经济可持续发展战略逐渐被人们接受。但是由于我国绿色经济发展起步较晚,对于这方面的研究比较少,所以缺少专业管理,导致现代企业对于绿色经济的发展缺少有效管理,因而还需要为经济发展提供有效的激励性政策。随着经济全球化的发展,各个国家都开始重视环境资源的问题,自然资源能够促进经济的快速增长,而经济在发展的同时也在破坏自然环境,使其遭受到了来各个方面的破坏。而发展绿色经济正是将资源、经济与环境问题进行有效结合,使其能够达到经济利益和环境利益共赢的局面。本章将简要叙述绿色经济管理的相关知识。

## 第一节 绿色经济管理的基本理论

### 一、绿色供应链管理理论

(一)绿色供应链管理概念

绿色供应链的概念是由美国密歇根州立大学的制造研究协会在1996年进行的一项"环境负责制造(ERM)"研究中首次提出。它是在整个供应链管理过程中综合考虑环境影响和资源效率的现代管理模式。它以绿色制造理论和供应链管理技术为基础,涉及供应商、生产厂、销售商和最终用户等各环节,其目的是使产品从物料获取、加工、包装、仓储、运输、使用到报废处理的整个过程中,对环境的影响最小,资源效率最高。

## （二）基本特征

①全生命周期与循环运行闭环管理。供应链管理是把供应商、制造商、仓库、配送中心和渠道商等有效组织在一起进行产品制造、转运、分销及销售的管理方法。其内容主要包括：计划、采购、制造、配送、使用等各环节。而绿色供应链管理需要增加回收再利用环节，对于商品而言，形成一个全生命周期，具备循环运行闭环管理的主要特征。

②绿色发展理念贯穿全过程管理。绿色供应链管理将绿色发展理念贯穿到全过程管理的各个节点，充分考虑环境保护、资源利用和社会整体的可持续发展，充分评估各实施组织的决策对周边环境产生的影响。绿色供应链管理以环境保护作为核心理念，以环境和社会整体利益为中心，考虑企业最大的经济利润，在二者之间形成最优解。

③利用信息化、数字化技术实现数据的高速传输与共享。绿色供应链管理充分利用现代社会的先进技术，在企业内部之间、企业与供应商之间搭建信息化、数字化平台，实现数据的高速传输与共享，不仅节省了管理节点之间的传输成本，形成透明、高效的信息流管理链条，还有助于工业企业在全球范围内寻求战略合作伙伴，实现全球范围内资源最为优化的组合，最大程度节约资源、节省成本；同时，企业也尽自身最大努力减少对环境和社会整体的影响。[1]

④集成横向资源，快速动态响应，构建有机整体。绿色供应链管理系统是围绕核心企业，通过控制信息流、物流和资金流，使相互作用、相互依赖的若干环节形成一个有机整体。它以最终用户的实际需求作为整体运行的驱动力，各管理环节快速响应、同步运行，动态重构各环节工作内容；同时，针对复杂多变的市场环境，集成优势横向资源，形成"强强联合、优势互补"的战略工作组织联盟，从而为最终用户提供最为高效、优质的服务，进而实现互惠互利、合作共赢、绿色健康的发展目标。

## 二、绿色物流管理理论基础

### （一）可持续发展理论

可持续发展指既满足当代人的需要，又不对后代人需要的能力过程构成威胁。1987年国际环境与开发委员会发表的《我们共有的未来》研究报告提出，

---

[1] 王自文. 基于绿色供应链管理的国际承包工程资产模式 [J]. 现代企业，2022 (3).

当代对资源的开发和利用必须对下一代的环境维护及资源的持续利用有所帮助。因此，为了实现长期持续发展，就必须采取各种措施来维护自然环境。这种经济上的可持续发展政策同样适用于物流管理活动。由于物流过程中不可避免地要消耗能源和资源，产生环境污染，因而为了实现长期持续发展，必须采取各种措施来维护自然环境。现代绿色物流管理正是依据可持续发展理论，形成了物流与环境之间相辅相成的推动和制约关系，进而促进了现代物流的发展，达到环境与物流的共生发展。

（二）生态经济学理论

生态经济学是研究在生产过程中，经济系统与生态系统之间的物质循环、能量转化和价值增值规律及其应用的科学。物流是社会再生产过程的重要环节，它既包括物质循环利用、能量转化，又有价值转化与价值实现的内容。因此，物流涉及经济与生态环境两大系统，理所当然地架起了经济效益与生态效益之间联系的桥梁。而传统的物流管理没有处理好二者的关系，过多地强调了经济效益，而忽视了环境效益，导致社会整体效益的下降。经济效益主要涉及目前和局部利益，而环境效益则关系到宏观与长远利益。现代绿色物流的出现较好地解决了这一问题。

（三）生态伦理学理论

生态伦理学迫使人们对物流过程中造成的环境问题进行深刻反思，从而产生强烈的社会责任感与义务感。为了人类自身更健康和安全地生存与发展，为了千秋万代的切身利益，人类应自觉维护生态平衡。这是时代赋予我们的不可推卸的责任，也是人类对自然应尽的权利与义务。绿色物流正是从生态伦理学中得到了道义上的支持。

## 三、企业绿色管理

企业绿色管理工作致力于资源的最佳利用，实现最大的环境效益投资。20世纪90年代，人们开始呼吁企业管理者实行绿色管理，把曾经额外的环境管理纳入企业经营之中，认为绿色化不是增加成本，绿色化可以为利润做出贡献。同时，人们发起绿色消费倡议，零售业企业需要开具从环保包装到废物管理的环保证明。绿色消费的迅速发展，促使零售商全面应对绿色问题：①销售绿色标签产品激增引发绿色消费的复杂化；②绿色形象的塑造；③缺乏组织承诺和控制。长期的组织承诺和控制很有必要，绿色化要纳入企业战略管理的分析架构之中。

产业生态学认为工业系统可以被视为一种特殊的生态系统，是物质、能量和信息流的分配系统，和自然生态系统一样都遵循物料和能量循环原则，企业之间相互依存，让废物成为另一工业生产过程的原料。[①] 企业的环境管理涉及的各个阶段包括：企业初始的环境审核/评审；库存的环境影响评估；根据企业的类型、规模和经营性质所采用的战略；有关管理系统的需要；定期绩效评价以及环境管理的效益等。管理者可以通过委托一种环境审计的方式，促使企业能够实现各种环境责任目标。

### 四、产业绿色管理

20世纪90年代产业绿色经济管理开始。一些学者分析了斯威士兰绿色革命技术的管理，主要包括斯威士兰农业概况、技术采用模式、技术实践和农业采用类。还有学者认为系统管理环境问题，有助于减少环境事件和负债，从而降低损失和清理费用。通过"3R"原则（减量化、再利用、再循环）提高物料管理水平并使高效生态过程产生额外的节约。将环境管理思想和方法纳入整个商业管理，可以创造机会、提高性能和增强成本控制。一个良好的环境管理体系也能促进行业规范和市场规范，增加进入市场的通道，提高产品和过程的可接受性。监管机构（和利益相关者）开始认识到ISO 14001环境管理体系提供的保证作用，减少检查和简化的报告要求。通过关注环境管理，经勘察、设计和施工阶段以及操作，系统地给利益相关者信心。

### 五、生态经济管理模式

低碳经济本质上是生态系统的全新管理模式，其共有4种方式：①减少对高排放密度产品和服务的需求；②提高能源效率；③植树造林，避免砍伐森林；④大力发展低碳技术。这四种方式的行动成本有很大差异，提高能效的潜力最大，国际能源机构的研究也显示，到2050年，能源效率有可能成为能源行业中节约排放的最大的来源。其次是防止森林砍伐，如果政策制定合适，这可能是成本最低的方式。而采用新技术虽成本高昂，但却是必不可少的途径。虽然目前已经有不少能够实现目标的技术，但难题是如何降低这些技术的成本，使这些技术在低碳政策下与化石燃料相比也具有竞争力。低碳技术可以分为三类：第一类是新能源技术，如风电、太阳能、潮汐能、地热能等，这些能

---

① 毛蕴诗，王婧．绿色全产业链：中国管理研究的前沿领域 [J]．学术研究，2019（12）．

源主要来自自然界，受自然环境的影响很大，特点是能量供应强度低，缺乏稳定性；第二类是能效提高技术，如工业部门的废气、废热发电等废能回收利用技术，以及提高锅炉效率、联合循环发电、建筑节能等，另外还有清洁煤技术、新能源汽车技术等，这类技术供应通常稳定，但是一些设备成本比较高昂；第三类是碳捕获与封存技术（CCS），此类技术不成熟，成本极高，距离商业化应用尚有很大距离。碳交易市场虽然尚未扩展到全球范围，但这个市场创造出了一种新型的虚拟商品。这种新型商品的引入使企业在传统的盈亏模式下，增加了影响现金流和利润的因素。评判企业经营状况的标准发生了变化，这两个标准之间本质上并不是完全重叠的。如果这一新的资产形式（碳资产）写入财务报表，那么意味着虚拟经济将不可阻挡地进入企业微观层面，并直接影响企业的经营成果。金融全球化将无孔不入，企业会彻底暴露在金融市场里，如果碳资产管理不当可能会带来巨大的风险。

## 第二节　基于宏观视野的绿色经济管理考察

### 一、绿色经济管理的制度体系

（一）绿色经济管理的制度

1. 生态保护制度

①自然保护区是指为保护有代表性的自然生态系统、珍稀濒危的野生动植物物种、有特殊意义的自然遗迹等将一定面积的陆地、陆域水体或海域划分出来，依法予以特殊保护和管理的区域。中国现行的环境保护和自然资源管理法律都从不同的角度对自然保护区制度有所规定。②饮用水水源保护制度。保护饮用水水源，逐步完善城市排污管网和污染净化设施。国家建立饮用水水源保护区；省、自治区、直辖市人民政府应当划定饮用水水源保护区，并采取措施，防止水源枯竭和水体污染。③水土保持制度。水土保持是对自然因素和人为活动造成的水土流失采取预防和治理措施。④生态补偿制度。生态补偿是指以保护生态、促进人与自然和谐发展为目的，通过调整保护或损害生态环境主体间的利益关系，将生态保护中的外部性成本内部化，从而调动保护者的积极性。

2. 节能减排制度

促进循环经济发展和节能减排的制度主要有：①规划制度，包括节能规划、节水规划、循环经济规划等；②抑制资源浪费和污染物排放的总量调控制度，即《循环经济促进法》明确要求各级政府必须依据上级政府制定的本区域污染物排放总量控制指标和建设用地、用水总量控制指标，规划和调整本行政区域的经济和产业结构；③以生产者为主的责任延伸制度；④节能/节水产品认证制度；⑤节能减排统计和考核制度；⑥排污权交易制度，即是指在污染物排放总量控制指标确定的前提下，利用市场机制，建立合法的污染物排放权利即排污权，并允许这种权利像商品一样可以买入和卖出，以此来进行污染物的排放控制，从而达到减少排放量、保护环境的目的。

3. 配套性制度

创新性制度体系必须有系统性的配套性制度进行支撑。配套性制度的支撑作用表现为其解决绿色经济制度的协调性不足、制度不落地、风险防范低等问题。从政策的协调性上看，绿色经济制度的创新发展根本在于制度效用的发挥，制度效用的产生则在某种程度取决于制度之间的协调配合功能。[1] 这种协调性对于提高投资成功率、降低资源错配程度以及最大限度发挥政策效用具有重要意义。从绿色经济制度的落地方面看，制度的创设必然是针对绿色经济发展中的某一问题而展开的。某项制度从设计、制定、实践至产生效用是个渐进性的过程，但制度最终产生的效果未必就如同制度设置的初衷那样完善。因此在制度落地与效用的产生过程中，需要有一系列的配套制度予以完善与具体的规范，保证该项制度能够顺利地实施与执行，最终得到应有的效果。

（二）绿色经济管理的政策

1. 财政政策

绿色经济管理的财政政策主要包括政府促进资源节约、环境保护和绿色发展的直接投资和财政补贴、政府"绿色"采购制度、资源和环境因素的财政转移支付等。国家出台了一系列促进资源节约、环境保护和绿色发展的财政支持政策：建立中央环保和节能减排专项资金；国债资金支持生态建设和环境保护，用于天然林资源保护、"三北"和长江中下游重点防护林、野生动植物保护和自然保护区等工程等；政府采购政策；财政转移支付政策。

---

[1] 程丽琴，方正. 新时代绿色经济发展：理论基础、核心动力与制度建构 [J]. 贵阳市委党校学报，2021（5）.

## 2. 税收政策

我国出台的与绿色经济发展有关的税收政策主要体现在两方面：一是对开发利用自然资源征收的资源税（费），对排放污染物征收的排污税（费）；二是促进资源节约、环境保护和高新技术产业发展的税收优惠等。①资源税（费）：我国目前实行的资源税主要包括土地增值税、耕地占用税、城镇土地使用税等，对保护资源和环境有重要意义；②排污税（费）；③节能减排和资源综合利用税收优惠，有利于节能减排和资源综合利用的税收政策。

## 3. 投融资政策

国家设立高科技产业创投基金、清洁发展机制基金、国家科技成果转化引导基金、交通运输节能减排专项资金、清洁生产专项资金等，对发展循环经济、科技成果转化的重大项目和技术开发、产业化示范项目给予直接投资或资金补助、贷款贴息等支持，国家高科技产业基地的创新能力基础设施、公共服务条件、产业化等项目建设择优给予一定资金补助。

## 二、政府绿色经济管理的能力建设

### （一）政府绿色经济管理内控能力建设

政府作为推进科学发展和建设生态文明的主导力量，应该加强内控能力建设，将自身打造成绿色政府。政府治理包括三方面内容：一是加强自身建设，通过改进运作方式、优化组织结构来强化治理能力；二是在推动经济健康发展中更好地发挥政府作用，保障经济发展行稳致远；三是对社会实行公共管理职能，发挥公众参与、社会协同、法治保障等作用。① 树立绿色管理理念，加强政府绿色文化建设。在政府内部利用一切可能的形式和机会加强绿色文化的宣传，将绿色文化教育纳入公务员培训中，强化公务员的环境责任意识，倡导生态优先的原则，加深公务员对绿色管理和生态文明的理解程度。建立绿色办公制度，树立政府绿色形象。政府要建立并实施"三公"经费公开制度、办公设备管理制度、办公用品领用制度、节水省电管理制度等，特别要实施政府绿色采购制度，因为政府是最大的消费团体，是落实绿色采购的关键领域。通过政府绿色采购的政策导向和示范行为，能够引导企业的绿色生产和公众的绿色消费。

---

① 张艳，张雨，孙哲远. 资源依赖、政府治理能力对资源型城市绿色经济转型的影响［J］. 南京财经大学学报，2022（2）.

## （二）政府绿色经济管理决策能力建设

为实现绿色管理、建设生态文明的目标，政府需要制定3个层次的制度规则，包括充分体现生态价值和生态规律的法律法规、公共政策和绿色标准。①在环境立法方面，全国人大加强环境保护和生态建设领域的立法工作。新《环境保护法》已于2015年正式实施，社会各界希望新《环境保护法》进一步强化政府环境保护的责任，提高企业环境违规的成本，确保环境信息公开和保障公众参与权。②在政府决策方面，我国长期以来以强制性管制模式为主，为提高政府绿色管理的效率，充分发挥政策引导和激励功能，政府需要与时俱进引入绿色贸易、绿色信贷等非强制性的环保新政，促使企业和公众实现自我约束，推动绿色管理从强制性管理向激励性和自愿性管理转变。③在环境污染事故和自然生态灾害频发的今天，既要发挥制度规则的正面激励和导向功能，又要设置禁止性的"绿色高压线"和市场准入的绿色管理标准，加快经济体系的"生态化"改造。

## （三）政府绿色经济管理执行能力建设

要提高政府绿色管理的效能，加强绿色政府执行力建设，就必须构建绿色政府整体联动的执法体系，在绿色法律和政策的跨部门落实上下功夫。众所周知，长期以来我国行政管理体系上条块分割严重，部门间职权交叉、责任模糊，部门利益冲突成为影响政府绿色管理体系构建和法规政策实施的障碍因素。环境保护和生态建设工作长期以环境保护部门孤立进行，部门间缺乏长期合作、沟通的基础。因此，为使政府各部门在生态环境问题上保持一致，政府在实施绿色管理时，有必要通过成立高层委员会或部门联席会议等方式实现部门协调，明确各部门环境保护和生态建设责任，环保部门应致力于为其他部门减少发展阻力和提供技术支持，从而推动部门间的整体联动、联合执法。

## （四）政府绿色经济管理引导能力建设

实施绿色管理、建设生态文明，政府先行固然重要，但仅有政府"洁身自好"是不够的，政府肩负着提高社会环境意识、宣传环境政策、弘扬生态文明的重任，还必须加强对企业和公众绿色意识与行为的教育和引导。毕竟，企业是国民经济运行的细胞，公众是推动社会进步的主力，两者都是社会资源的最大消耗者，也是最主要的环境污染源。政府在推动绿色管理过程中，必须通过多种途径将绿色宣传教育推广、延伸到企业、学校和社区，增强人们的生态环境责任感和使命感，倡导节约环保的生产方式和生活方式，推广绿色生产、绿色消费等行为，引导企业和公众积极参与生态文明建设。

## 三、政府绿色经济管理的组织结构设计

宏观层面的绿色经济管理组织结构是由中央政府主导的职能结构。该结构将所有部门整合在一起，有的建立紧密联系，有的建立松散联系；中央政府整合集中化的绿色经济管理部门、绿色经济法律与制度建设部门，并促使集中化部门与绿色经济技术研发部门、绿色经济教育部门、绿色经济发展规划部门建立密切合作；绿色经济管理部门、绿色经济法律与制度建设部门通常是集中化的，因为宏观层面的绿色经济管理强调管理方式与管理制度的统一。

宏观层面的绿色经济管理组织结构综合了集中化和专业化的结构特征而形成一种整合机制来促进部门间的合作。传统的政府组织结构依据权力和职责形成层级制，权力主要集中在上层和少数决策者手中，决策通过层层传递来贯彻执行。政府组织结构根据职能划分机构部门，专业化分工虽然使政府组织方便管理，但传统科层组织只能通过分层级和职责的管理人员来达到沟通和完成任务目标，这可能引发由于管理部门的增多导致信息传递失真与沟通缓慢等问题。[①] 而绿色管理的组织部门主要负责人的经常性直接接触是另一种整合机制，可以鼓励和支持合作以及知识、能力或资源的共享，从而为绿色经济建设创造生机与活力。

处于松散联系的各部门之间约束较少，部门之间的合作更多采取项目合作的形式。中央政府主导的综合机构和地方政府可以委托绿色经济促进组织、微观经济主体、环境保护组织、绿色经济研究机构进行绿色经济相关项目的研究与开发；绿色经济促进组织、微观经济主体、环境保护组织、绿色经济研究机构之间可以进行绿色经济研究与开发合作。国内区域层面绿色经济管理的组织结构是以协议建立的绿色经济区域合作组织为核心，同一地域内的不同地区负责部门与区域合作组织建立联系。绿色经济区域合作组织是由两个或两个以上的部门通过谈判协商共同建立，这个组织可以是独立的机构也可以是由各个地区分派联络人员组成的松散机构。每个地区的负责部门，负责该地区绿色经济的建设，并依据地区特点各自建立相应的组织结构以方便绿色经济管理，绿色经济区域合作组织协调地区的绿色经济建设，并组织合作协议的签订。

---

① 黄其松，梁光凤. 组织特征与内在机理：信息社会的政府组织结构变革 [J]. 西华师范大学学报（哲学社会科学版），2022（1）.

## 第三节 基于微观视野的绿色经济管理考察

### 一、企业环境管理系统

（一）环境管理体系在企业管理控制系统中的地位

管理控制系统是企业实施经营战略的工具，通过管理控制的过程，管理者可以影响组织其他成员落实组织的战略。企业战略描绘组织实现目标的总体行动方向，传统的组织目标通常是指盈利能力或股东权益最大化，盈利能力的指标包括投资报酬率、投资周转率等。股东利益最大化是指在考虑资金时间价值和风险的情况下，企业能给股东带来的未来报酬要达到最大值。无论是盈利能力还是股东权益最大化，企业目标强调的是经济利益，因此组织战略也为经济目标服务。

但是随着环境问题的日益突出，可持续发展要求社会、经济、环境的综合发展，"三重底线理论"正是基于可持续发展的观点提出，"三重底线"是指以资金、环境和社会三个维度来评价和衡量资本投资的回报，一个企业的成功不仅以传统的财务底线衡量，还包括其社会、环境业绩。企业要想获得可持续发展能力不但需要对股东的经济利益负责，还必须承担环境、社会责任。除了提高利润、扩大股东收益之外，也要注重环境保护和社会发展等其他利益相关方责任。对于企业的长远发展来讲，企业经济目标和环境目标是统一的，是相辅相成的，企业在进行环境保护，减少废弃物排放的同时，可以减少能源消耗、降低成本，从而提高企业的经济效益。

（二）企业建立环境管理系统的作用

（1）实现企业生产经营的合规性目标。建立实施环境管理体系所要达到的最低目标是遵守有关的环境法律法规或其他要求。企业需要明确生产经营所需要遵守的法律法规，并追踪其变化，从而为自身制定合理的环境方针，明确环境目标和指标提供指导。在这个过程中，企业将遵守环境法规并使其变为自身的自觉行为。

（2）提高企业管理水平。建立环境管理体系的目的在于使管理层进行管理决策时考虑环境影响。通过对企业环境影响状况、资源、能源利用状况等进行全面系统的调查和分析,从而对企业的环境因素进行识别和分析,最终达到控制或管理的目的。

(3)提高企业的经济效益,增强市场竞争力。通过建立环境管理体系,可以对企业的环境问题进行有效管理。实现生产流程的全控制,明确生产过程中的漏洞和不足,通过技术改造、设备更新等措施降低能源消耗,优化成本管理,最终达到降低企业成本的目的。

(4)树立良好的企业形象。建立环境管理体系一方面说明企业勇于承担社会责任,有利于企业树立绿色环保、负责任的企业形象。另一方面通过环境管理体系认证也说明企业的环境管理已经达到了一定水平,侧面反映了企业管理能力的提高。

## 二、企业绿色经济管理的组织结构

### (一)成本领先战略业务职能型结构

职能型组织结构亦称 U 形组织结构,它的主旨是按职能来组织部门分工,设置所需要的职能部门并确定权利与职责。在市场经济条件下建设绿色经济,建设的主体是以盈利为目标的企业,企业作为微观经济的主体对于绿色经济建设起到了实施者的作用。在绿色经济建设过程中,积极参与的企业在业务层面可以采取成本领置战略,以在获取和维持竞争优势。

绿色经济的最终落脚点在于企业绿色发展。企业的绿色发展是指坚持可持续发展,在企业管理过程中获取利益的同时重视环境管理,以绿色发展作为企业经济发展的主流价值取向。[①] 绿色经济建设企业利用成本领先战略以大规模生产标准化绿色产品为前提,并且企业还需要借助绿色经济政策使自己的产品成本比竞争对手更低。简单的报告关系、较少的决策层级和权力结构、集中化的公司员工、生产职能专注于生产过程的优化而不是新产品的研发,都是成本领先职能型结构的基本特征。

从集中化方面来看,职能型员工拥有决策制定权,从而使每个组织职能的成本都得以降低。在尽可能降低成本的同时,集中化的员工同时确保某一职能成本的降低是在保证其他职能水平不降低的前提下进行的。绿色经济建设企业利用成本领先职能型结构进行高度专业化的分工,通过专业化提高了员工的工

---

① 刘宇佳. 绿色经济与企业绿色发展 [J]. 祖国, 2019 (11).

第六章　绿色经济的管理

作效率，从而使得成本降低。

（二）差异化战略业务职能型结构

绿色经济建设企业实施差异化战略前提是具有独特需求的顾客，并销售非标准化的产品。差异化战略业务职能型结构具有相对复杂的报告关系，并且赋予了职能部门之间灵活的报告关系；研究与开发功能是绿色经济建设企业实施差异化战略的主要职能，企业内经常使用交叉职能的产品研发团队。

绿色经济建设企业所使用的差异化战略业务职能型结构有利于塑造以开发为导向的企业文化，需要动员员工们努力寻找促使当前产品差异化的方法，或者研究与开发高度差异化的全新产品。员工们通过有效的知识管理选择有利于产品差异化的信息，并把这些信息通过组织内的密切合作转变为绿色经济产品创新的知识。由于强调从外部环境中发现新的商务机会，需要具有极高的组织智商来实现快速反应与有效的知识管理，因此企业应具备强大的技术能力并保持战略柔性。该组织结构实现分权化管理，支持创新，强调研究与开发部门与其他部门的密切合作，尤其是与市场营销部门的密切合作；市场营销部门必须追踪绿色新产品的消费者满意程度，并把追踪调查获得的信息及时和研究与开发部门共享。由于这种组织结构具有正规化与程序较少的特征，工作中任务数量较多，并且任务非常多样性、复杂性，因此决策制定的权力和责任应分散到各个职能部门，尤其是研究与开发部门和市场营销部门需要具有决策权。

### 三、企业管理组织创新模式

（一）战略引导型组织创新模式

随着绿色经济建设的推广，绿色经济产业相关的企业需要面对动态的绿色经济环境，包括绿色技术的进步、绿色文化的丰富、非线性绿色需求、非线性绿色供给、政府政策的变迁、绿色教育及效果、绿色融资的来源等内容。随着各国绿色研发投入的增加，绿色技术的进步必然是持续的，也是非线性的。基于动态的绿色经济环境的变迁，企业家们必须满足环境变迁的要求，并促进自身战略思维的转变，体现为由线性转为非线性、由刚性转变为柔性、由片面转变为全面、由静态转变为动态、由分散转变为整合、由孤立转变为系统。基于思维的转变，战略家们构建并执行具有柔性的长期战略目标。加大对经济管理中的绿色创新技术能力开发前瞻性预判，及时了解行业动态，学习吸收外部绿色创新技术、方法、专利等，构建起自身核心知识产权和创新发展路径。[①]

战略引导型组织创新是一个不间断的过程，它要求在企业管理的全过程贯彻创新。在推广绿色经济的全球化时代，绿色产业企业依赖长期战略目标的指引与推动作用实现持续的战略竞争力，长期战略目标为企业绿色资源的取得提供指引，进而企业从外部环境补给绿色资源；长期战略目标依托企业资源构筑企业能力；长期战略目标指引、整合企业能力打造企业核心竞争力；依据长期战略量标构建指标体系，进而量化企业核心竞争力以求企业可持续竞争优势；围绕长期战略目标提升企业战略竞争力。

（二）智商提升型组织创新模式

满足绿色经济发展的智商提升型组织创新可以从两个层面展开，一个层面是绿色知识管理，另一个层面是基于信息技术的组织流程再造。组织智商的提升依赖组织的知识管理，知识管理可以看作是信息管理的延伸与发展，由信息产生知识，再利用知识获得提升组织智商，从而提升绿色经济相关企业的组织竞争力以及培育核心能力。

基于信息技术的组织流程再造体现了绿色经济客观要求。它通过构建绿色经济 ERP 系统有效地整合企业现有的一切资源，并吸收最先进的科学技术成果，从而不断提升组织智商的创新模式。绿色经济 ERP 系统超越传统企业 ERP 系统的功能，它不仅整合和企业各部门资源建立的共享数据库，而且这个数据库具有从外界环境不断获取绿色经济信息的功能，从而培育本企业的绿色知识。基于信息技术组织流程再造，能够帮助绿色经济相关企业更好地持续获得竞争所需要的各种资源，通过组织智商提升增加反应能力，从而准确地把握商机，降低成本能够为顾客创造更多的价值，在二者的协同作用下，绿色经济相关企业就能够获得和维持竞争优势。

（三）技术领先型组织创新模式

绿色经济产业相关的企业，只有具有技术领先优势才能在全球范围的市场竞争中持续生存。如果绿色经济产业内的绿色经济相关企业想要具有产业内技术领先的优势，那么它必须有效地变革自身的组织结构与运行机制，使得组织自身与领先的技术相匹配。技术领先需要持续进行下去，因此，技术领先的组织创新模式表现为动态地持续进行与调整的过程。

企业要感知原有组织结构及其内在机制对绿色经济新技术的不足和缺陷之

---

[①] 徐淑琴. 低碳背景下企业经济管理的绿色创新发展探讨 [J]. 全国流通经济，2023（1）.

处，这实质上是分析、研究组织所具有的内外部环境，做好组织创新的准备；确认组织创新的必要性，明确组织创新的意义。这个步骤是使企业内部各个部门、各个事业部之间达成组织创新的一致观点，从而为组织创新的开展打下群众基础、铺平道路；比较当前所具有的资源、能力与绿色经济新技术所要求的资源、能力差异，从而明确组织创新的方向；制订可选择组织创新方案、评价备选方案、选择行动方案、更新绿色经济绩效考核指标体系。确定出初步行动步骤，并对各个环节的可行性进行检测。通过建立绩效的测量尺度，为日后对组织创新的成果进行评价提供量度；实施组织创新，按照选定的方案进行组织创新的具体行动；动态跟踪考评，并提出修改建议，进而使组织创新过程又回到第一步，并在领先的技术推动力下，不停循环，使组织持续得到完善。

(四) 文化构建型组织创新模式

绿色经济在改善人类福祉和社会公平的同时致力于显著减少环境风险和生态稀缺问题。绿色经济是低碳的、资源高效的和社会包容的，它要求公共与个人投资于低碳减排、资源高效、不造成生物多样性与生态系统损失的领域，并使收入和就业都获得增长。可见绿色经济本身具有丰富的文化内涵，它强调把改善人类福祉和社会公平与显著减少环境风险和生态稀缺问题统一起来，实质上强调了企业的社会责任。围绕绿色经济的内在要求，可以开展文化构建型组织创新模式的探讨。文化构建型组织创新模式致力于构建企业内部绿色经济相关的社会资本。社会资本的增加集中体现在网络渠道可信度的增加、网络内成员责任感的增加以及网络内成员彼此信任的增加。借助文化的构建使社会资本得以增加，进而使组织内部结构更完整、关系更协调。

企业基于绿色经济理念发动所有的管理者和部分雇员共同制定普遍接受的基于绿色经济愿景和使命。企业领导层组织成立文化建设委员会，搜索企业相关的绿色经济有关文件，印成小册子发给每个管理人员和大多数雇员，让他们每人都为企业制定绿色经济的愿景和使命；经过汇集整合每个人描绘的愿景和使命，再次分发给各个成员，然后广泛展开讨论，再次修订愿景和使命；如此反复以致达成最终的愿景和使命。这样就保证几乎每个组织成员都参与了愿景和使命的制定，从而调动他们的积极性，并促成组织内部人力资本的增加。

## 第四节　绿色经济管理的评价

### 一、ISO 14001 环境体系

1991 年 7 月，国际标准化组织成立了"环境战略咨询组"（SAGE），把环境管理标准化问题提上议事日程。经过一年多的工作，SAGE 向 ISO 提出建议：要像质量管理一样，也制定一套环境管理标准，以加强组织获得和衡量改善环境的能力。根据 SAGE 的建议，ISO 于 1993 年 6 月正式成立一个专门机构 TC207，着手制定环境管理领域的国际标准，即 ISO 14000 环境管理系列标准。基于 ISO 14001 环境管理体系的环境因素识别，是环境管理体系的核心及主体，与之相关的方针明确、方案制定、权限确立、事故预防及应急响应等工作均围绕其展开。[①]

#### （一）ISO 14001 基本内容

依据 ISO 14001 标准关于环境因素的定义，环境因素可理解为组织在活动、产品或服务中，"从环境的索取或输入"和"向环境的排放或输出"，这些"索取"和"排放"或"输入"或"输出"必然造成环境影响。因此，环境因素与环境影响之间的关系是一种因果关系，环境因素的"载体"是组织活动、产品或服务。识别环境因素的步骤一般为：①选择组织的过程（活动、产品或服务）；②确定该过程伴随的环境因素；③确定环境影响。环境因素的识别从内容上看应包括：各类产品的生产活动、各项生产辅助活动、各项管理活动和各项生活管理活动。从时间上看应包括：组织过去、现在和将来可能发生的活动过程。依状态划分应包括：正常、异常和紧急情况下的活动过程。由于环境因素的识别范围非常广泛，包括活动、产品或服务的各个方面，因此适用的方法多种多样。这些方法各有利弊，在实际应用时应根据组织过程的特点进行选择和组合使用。

---

① 吴楠. 基于 ISO 14001 环境管理体系的环境因素识别范围分析——以勘察设计企业为例 [J]. 皮革制作与环保科技，2023（7）.

## （二）重要环境因素评价方法

重要性并不仅意味着环境影响的重要程度，"重要"的含义可以归纳为三点：①重要性由环境管理体系控制；②重要性由组织确定而不是由标准决定，取决于组织的价值观；③重要性与影响程度不同。总之，重要环境因素不是绝对的，评价重要环境因素的方法与标准也不是绝对的。虽然重要环境因素不是绝对的，但对于某个具体的组织而言，在一定时期内环境因素评价方法和标准相对稳定有利于对重要环境因素筛选的规范化，也便于对重要环境因素实施系统化管理。这些方法各有优缺点和适宜的应用范围，单独使用其中任何一种方法都难以满足评价的需要，因此，应结合组织自身环境问题的特点对这些方法进行恰当选择和组合使用。

## 二、SA 8000 认证

SA 8000 即"社会责任标准"，是 Social Accountability 8000 的英文简称，是全球首个道德规范国际标准。其宗旨是确保供应商所供应的产品符合社会责任标准的要求。SA 8000 标准适用于世界各地、任何行业、不同规模的公司。其依据与 ISO 9000 质量管理体系及 ISO 14000 环境管理体系一样，皆为一套可被第三方认证机构审核的国际标准。SA 8000 标准于 2001 年 12 月 12 日，经过 18 个月的公开咨询和深入研究，SAI 发表了 SA 8000 标准第一个修订版，即 SA 8000：2001。SA 8000：2008 是于 2008 年 5 月发布的新标准，到 2010 年 1 月 1 日，所有的 SA 8000 证书要符合 SA 8000：2008 的要求。BVQI 作为 SA 8000 标准宣传机构，是世界颁发 SA 8000 证书最多的机构。SA 8000 所认证企业社会责任与绿色经济的内在要求相一致。

### （一）SA 8000 主要内容

SA 8000 标准以国际劳工组织公约和包括国际人权宣言和联合国儿童权利公约在内的相关的国际人权规定为基础。SA8000 标准所包含的条款主要有童工、强迫劳动、健康与安全、结社自由和集体谈判权、歧视、惩戒性措施、工作时间、工资报酬、管理系统 9 个方面。[①] 企业除了以 SA 8000 对自己的经营行为进行约束之外，还必须通过此标准对供应商的经营行为进行评估、选择和监控。

---

① 刁宇凡，徐思明. SA8000 标准对我国纺织服装业出口的影响分析——基于贸易引力模型的验证［J］. 中国商论，2021（11）.

## （二）我国企业实施 SA 8000 社会责任标准的立法缺陷

从法律角度来讲,《中华人民共和国劳动法》的规定涵盖了 SA 8000 标准对我国企业的要求。通过对我国企业实施 SA 8000 标准和立法依据进行有效的对比和分析,不难发现相比 SA 8000 标准,《中华人民共和国劳动法》规定仍停留在一些原则性的规定上,而 SA 8000 只不过是将这些原则性问题具体化,使其更具操作性。针对这一情况,我国企业实施 SA 8000 社会责任标准的立法缺陷如下所示：①权力下放过大导致同规相撞。《中华人民共和国劳动法》赋予地方劳动合同法制定实施的权利,造成不同地方对相同问题却有不同的规定,如缴纳违约金的条件、经济补偿金的缴纳等。这些冲突不利于 SA 8000 标准的一致实施。②忽视了集体合同制度的重要性。SA 8000 标准明确了"集体谈判权利",而《中华人民共和国劳动法》涉及集体合同的规定内容较少,忽视了集体合同的重要性。③合同终止补偿规定不合理,合同短期化普遍出现。SA 8000 标准对"歧视"和"工资报酬"有明确规定,而《中华人民共和国劳动法》对合同终止后用人单位经济补偿金的支付没有规定,导致短期合同普遍出现。诸如此类的缺陷还有不少,这都为我国统一实施 SA 8000 标准带来阻碍。所以需要在 SA 8000 标准的比照下,我国劳动立法中的这些缺陷能够得到实际有效的解决。

## （三）SA 8000 对我国出口贸易的影响

SA 8000 作为认证体系,将社会责任和管理相结合,在一定程度上可以规范企业的道德行为,有助于改善劳动条件,保证劳工权益。从积极意义上讲,SA 8000 系列标准的推行对我国进入国际市场竞争有如下好处：（1）促进相关劳动法律、法规建设,改善劳资关系,激发员工潜能。SA 8000 标准把人本管理、商业道德和精神文明等指标化,变成可操作的量化标准。它的推行实施可以使我国企业借助外力推动改善劳动条件,促进生产经营改革和创新。（2）促进出口产业结构升级。SA 8000 的实施使各项标准提高,企业所需劳动力的成本将上升,为解决生产成本问题,企业势必调整竞争战略,提高生产效率,使商品生产向深加工、高附加值方向发展。（3）有助于进口国消费者对出口产品的肯定。消费者一旦对某品牌产品建立了稳定的信任感,就会产生消费关联效应。企业通过 SA 8000 认证,使消费者更直观地对我国出口产品产生好感,可以更好地促进我国的出口贸易发展。（4）有利于形成公平竞争,减少贸易摩擦。采用 SA 8000 标准以后,我国的劳动密集型出口产品的出口价格会逐渐接近该类产 SA 8000 平均价格,这样就可以在一定程度上减少出口产品遭遇的各类贸易救济。SA 8000 要求企业在获利的同时必须承担社会责任，尊重劳工的合法权利，把尊重劳工权利和获取出口订单联系在一起，使遵守法律和道德的企业在竞争中占优势，这将促进我国出口的良性循环发展。

### 三、ISO 26000

20 世纪中后期以来，由于世界经济发展速度和全球化进程的加快，企业对人类社会和自然环境的影响也日益加深，并由此引发了一场新的企业革命，即从传统企业向社会责任型企业转变的国际社会责任运动。这一运动最初起源于关注消费者权益的消费者运动，随后扩展到保护环境、遏制腐败、创造社会公平、缩小发展中国家与发达国家间劳工待遇等诸多领域，成为促进全球可持续发展的重要思潮。在多种力量的共同作用下，国际社会责任运动的范围逐渐扩大、影响不断增强，包括中国在内的发展中国家也开始融入其中。随着企业社会责任演变成全球性议题，如何在世界各国之间达成基本共识，成为进一步发展亟待解决的问题。在此背景下，2010 年 11 月 1 日，国际标准化组织（ISO）向全球正式发布了首个社会责任国际标准即 ISO 260000。

ISO 26000 从研究立项至正式发布历时近 10 年，来自 99 个国家和地区、42 个国际组织的 450 名社会责任领域的专家参与其中，可谓是制定周期最长、参与国家和地区最多、参与人员最多的一项国家标准。对于当前国际上已有的 400 多项社会责任相关标准、规范及倡议而言，ISO 26000 具有对社会责任内涵理解的全面性、国际社会的权威性、适用组织的广泛性等优势，它不仅是包容性强的集大成者，更是 ISO 在社会道德领域标准化的首次突破。ISO 26000《社会责任指南》旨在世界范围内促进社会责任充分履行和最佳实践的有效实施。

（一）ISO 26000 的社会责任观

社会责任是 ISO 26000 最重要和最主要的术语，也是影响 ISO 26000 标准主要内容的核心概念；是 ISO 26000 标准制定过程中理解最不一致、争吵最为激烈的内容之一，也是正式发布的标准内容中最不容易理解的部分。按照 ISO 26000 的定义，社会责任是指组织通过透明和道德的行为，为其决策和活动对社会和环境造成的影响而承担的责任。这些行为包括：①致力于可持续发展，包括健康和社会福祉；②考虑利益相关方的期望；③遵守适用的法律，并符合国际行为规范；④融入整个组织，并在关系中得到践行。其中，"活动"包括产品、服务和过程；"关系"是指组织在影响范围内的活动。"影响范围"是指政治、合同、经济或其他关系的范围/程度，通过这些关系组织有能力影响个人或其他组织的决策和活动。由这一定义可以看到，社会责任本质上是组织为其决策和活动对社会和环境造成的影响而承担的责任，其中"决策"和"活动"涵盖了组织的所有行为。

（二）ISO 26000 的内容结构

ISO 26000 标准的内容安排在很大程度上可以说是对社会责任的定义的详尽扩展和具体的阐述，共分为 8 个部分，分别是：①范围；②术语和定义；③理解社会责任；④社会责任原则；⑤社会责任两大基本实践；⑥社会责任核心主题；⑦社会责任全面融入组织；⑧附录：社会责任自愿性倡议和工具示例。

（三）ISO 26000 的基本特征

（1）ISO 26000 自身性质特征。①ISO 26000 是 ISO 首个社会道德领域标准。社会责任领域作为 ISO 组织标准的新兴领域，使 ISO 不再仅限于传统的工程技术领域，而将其工作范围延伸并扩大到国际社会政治经济和伦理道德领域；②ISO 26000 是指南性质标准。ISO 26000 标准的标题即为"社会责任指南"，说明了标准的非强制性。在 ISO 26000 的适用范围阐释中，该标准为所有类型组织，无论规模大小和所处何地都提供指南；③ISO 26000 是非管理体系标准。ISO 26000 标准在其适用范围中明确指出，ISO 26000 国际标准不是管理体系标准。

（2）ISO 26000 应用实践特征。①无法替代相关国家义务；②无法替代其他倡议工具；③不作为 WTO 义务依据；④应用考虑多样性差异性。

# 第七章　东北东部绿色经济带区域合作研究

东北东部经济带是东北地区物流的集散地，东北东部经济带提供煤炭等丰富的矿产资源，其主要依托的是"东边道"，"东边道"途经东北东部地区12个市（地）、31个县（市），纵贯牡丹江流域、乌苏里江流域、图们江流域、鸭绿江流域和松花江流域（上游），其辐射面积广，涉及人口多是东北地区重要的经济来源，所以实现该地区的绿色经济发展很有必要。本章将简要叙述有关东北东部绿色经济带区域合作的内容。

## 第一节　东北东部绿色经济带区域合作的理论基础与意义

### 一、东北东部绿色经济带区域合作的理论基础

（一）构建经济带发展模式

"经济区域"是区域经济学中特定的研究对象。一般是指政府行为影响下的区域和形成了相对独立产业部门体系及交通运输网络的区域。研究"经济区域"必然要经历一个由研究区域差异到区域结构与功能再到探讨无地理边界区域性现象的过程。我国的"经济区域"也经历了由有边界到无边界的研究历程。我国的经济发展和经济体制决定了具有财政、计划、立法和管理等经济职能和作为相当一部分国有资产代表者的省级政府及其管辖区是我国区域开发与发展的主体，明确的地理边界是我国研究区域结构—功能的前提。随着各级政府职能的转变，省区之间的边界开始逐渐模糊。

东北东部经济带是"点—轴系统"的空间格局的具体体现形式。在整个东北地区板块中，国家将构筑一个包括内蒙古东部五盟（市）在内的东北经

济圈，使其成为继珠三角、长三角和环渤海经济圈之后的第四个中国经济增长极，并提出构筑东北经济圈的"一轴两纵四横"的发展规划。东北东部经济带所涵盖的城市之间山水相连、经济相关、物流相通、人缘相亲，共处国家兴边富民政策、少数民族区域政策、对外开放政策和资源型城市转型政策等多种优惠政策的汇集区。以东北东部铁路、省际高速公路、鸭绿江流域等轴线，跨行政区域共同构建区域内紧密联合与合作的经济带，这是东北东部地区加快发展的现实选择，是东北东部城市板块提升的有效途径。

### （二）实现区域经济一体化

区域一体化和经济全球化是 20 世纪末以来最具活力的区域经济现象，也是塑造当今世界经济格局的重要力量之一。最早提出区域经济一体化定义的学者是荷兰学者丁伯根（Tinbergen），他认为区域经济一体化是通过国家和区域之间的协作，将影响区域高效运作的因素加以弱化和清除，构造更优的国际经济结构。20 世纪 90 年代以后，新区域主义促进了区域一体化研究的深入，强调环境、社会保障、安全和民主等多元要素成为关注点，国家间和国际性的机构组织及 NGOS 对于一体化起到了重要作用，区域组织形式也逐步多元化。[①]

区域经济一体化是东北东部经济带区域合作的重要目标。区域经济一体化是当今世界经济发展的必然趋势，推进区域经济一体化已成为国家制定经济政策、实行对外开放、促进产业结构调整、加快经济社会发展的重要选择。随着近年来各城市之间交往的日益密切，特别是一批重大交通基础设施建设项目的开工建设，东北东部经济带加强合作的现实基础愈加坚实。东北东部经济带在"携手合作、互利共赢"的原则下，发展更加紧密的合作伙伴关系，打造利益共同体，形成区域优势，提升在更大范围内参与国际经济合作的整体竞争力，以实现更好更快发展，进而把东北东部经济带建设成为边境地区区域经济一体化的示范区域。

### （三）推动跨境经济合作

"边界效应理论"是边境城市发展的重要理论依据。世界上很多国家拥有边界，边界地区的特殊地缘政治环境决定了它具有其他地区不可替代的经济功能。事实上，边界对经济发展具有两种效应：屏蔽效应和中介效应。当屏蔽效应大于中介效应时，地缘政治占主导地位，阻碍两国的经济往来；当中介效应

---

[①] 曹小曙．粤港澳大湾区区域经济一体化的理论与实践进展［J］．上海交通大学学报（哲学社会科学版），2019（5）．

大于屏蔽效应时,地缘经济占主导地位,两国的经济往来会很频繁。一直以来,我国将国家主权和安全放在最重要的地位进行考量,因此很大程度上是将边界作为维护国家安全和主权的基本屏障,在边界地区长期奉行"守势"政策。在过去很长一段时间,我国在设计沿边开放战略时基本都是"以我为中心",所以,屏蔽效应远远超过中介效应。东北东部经济带处于东北亚核心地带,拥有3200多千米的边境线,地处对外开放的前沿,是直接面向俄罗斯、朝鲜、日本、韩国开展经济文化交流的前哨。而随着东北亚区域合作的扩大和深入,边境国防公路、东北东部铁路扩能提速等基础设施的建设和改进,经济带通过先开放口岸,发展沿边城镇,随后建立了具有战略意义的经济开放先行试验区,推动并支持跨境经济合作区的建设,带动了该区域的发展。

## 二、东北东部绿色经济带区域合作的意义

### (一)推动实现东北新一轮振兴发展

从全国布局来看,中国共分为4个板块,东部、中部、西部和东北地区。中国存在"东西差距"和"南北差距"。东西差距,即指东部沿海与中西部之间的差距;南北差距是指华南、华东沿海地区与华北、东北之间的差距。实际上,东西差距要大于南北差距,从解决或缓解中国地区发展差距的角度看,应是优先提出和解决东西差距,然后有条件适时解决南北差距。从之前的中部崛起战略、西部大开发战略,到现在的"一带一路"建设、京津冀协同发展、长江经济带发展战略实施之后,东部、中部、西部发展都较好,反观东北地区则成为整个中国经济增长的短板。因此,应促进东北地区再振兴,推进区域协调发展。新一轮东北振兴发展,正处于人类新技术革命前夜。在以颠覆性为特征的新工业面前,东北振兴发展要抓住难得的机遇,顺应产业发展大势,遵循产业发展规律,向智能制造业快步迈进,抢占未来制造业制高点,实现产业转型升级和突破,成为中国经济重要增长极。东北新一轮的振兴发展也给作为市场经济主体的企业的人才发展战略带来难得的机遇。

目前,东北东部生态环境良好、自然资源丰富、产业特色鲜明、历史文化独特,已经具备加快发展的基础条件。加快东北东部经济带的建设是推进东北地区区域内部协调发展的必然要求,也是提升整个东北地区整体实力和竞争力的重要举措,更是培育发展东北地区新的增长点和增长带的客观需要。

### (二)促进该地区经济结构战略性调整

一般来讲,经济增长包含两种方式:一是在技术不变的前提下,通过追加

生产要素的投入实现经济产出的提高，进而实现经济增长；二是在技术创新的条件下，通过提高生产要素配置效率，优化产品数量、质量，即便不追加要素投入，也能带来经济增长。① 然而仅仅依靠投入越来越多的生产要素维持经济增长是不现实的，因为总会有资源枯竭的时候。推进经济结构战略性调整可以从需求结构、产业结构、区域协调发展、城镇化等层面分析，其中产业结构优化是协调推进我国经济结构战略性调整的突破口。装备制造业一直是东北地区的支柱产业，在全国具有不可替代的地位，在今后相对较长的时期内，东北经济仍将处在以工业经济为主导的工业化中后期阶段，工业特别是装备制造业在东北经济社会发展乃至国家竞争力提升方面的作用仍将是第一位的。

东北东部经济带的合作与开放对提升区域经济结构水平、改善东北亚区域发展环境具有重要的现实意义。东北东部地区位于东北亚区域的中心，同俄罗斯、朝鲜接壤，拥有多个对外口岸，是东北对外开放的前沿，也是未来东北三省主要资源的供应地。经过几十年的采掘、开发，东北中部和西部的资源已经接近枯竭。资源、能源短缺将是我国未来很长一段时期内经济社会发展的主要制约因素，保持我国经济的持续发展必须与世界各国合作，尤其是与俄罗斯、日本、朝鲜、韩国合作，而东北东部地区是加强同东北亚诸国进行资源、能源合作的窗口和走廊，所以，东北地区发展必然倚重东部的地理位置。充分利用东部地区的区位优势、资源优势和交通优势及东北东部铁路、丹通高速公路进一步 提高东北三省资源配置的能力，大力发展资源型产业、旅游业、加工制造业及边境城市经济和港口城市经济；通过积极开展区域经济合作，必然会推动东北东部地区的资源开发，推动旅游业及劳动力资源的开发和综合经济的发展，推动产业结构调整，提高区域整体发展水平和生产力，形成新的产业集群。

（三）有助于打造北方生态安全屏障

东北东部地区大多属于长白山和完达山山脉，黑龙江、乌苏里江、鸭绿江、图们江、兴凯湖、镜泊湖等重要河流湖泊汇集于此，森林覆盖率高，通过发展东北东部经济带，实现经济发展、民生改善、生态保护的有机统一。近年来，世界粮食形势总体趋向紧张，我国粮食安全不能寄托于国际市场，要依靠国内粮食生产基本实现自给，东北是我国重要的商品粮生产与输出基地，开始向保障国家粮食安全的"基石"地位转换，而且越来越重要。东北东部的生态条件优越，区域合作发展一定是建立在保护生态前提下的发展，通过发展进

---

① 郭文尧，王西. 东北地区经济发展的困境及新动能培育［J］. 企业经济，2018（12）.

行加强保护。

按照"绿色发展"理念的要求，沿着水系和山系强化节能减排等综合治理措施，沿边城市可以共同建设区域水利防洪减灾体系、流域水污染和大气污染联防联治自动监测网络，加强区域生态系统修复和环境联防联控联治，依托生态资源优势，构建绿色产业体系、打造绿色发展平台、构筑绿色生态屏障、创新绿色转型机制。结合"生态文明"的思路，建立生态环境补偿机制，加快实施生态补偿、流域补偿。

（四）有效提高边境国防保障能力

东北三省和内蒙古的东部五盟（市）位于东北亚的核心地带，毗邻俄罗斯、朝鲜、蒙古国、日本、韩国，将是中国改革开放的前沿。在新的形势下，沿边地区的经济发展是民族团结、边疆地区稳定的前提，只有实现经济发展，才能使边境居民的生活有所保障，进而实现安居乐业。当前东北亚地区政治环境稳定，对东北东部地区合作开发与开放十分有利。东北亚各国经济发展层次和资源禀赋不同，生产要素具有很强的互补性，通过合作发展，保持边疆民族地区繁荣稳定和长治久安，为推进东北亚区域合作提供有利条件。东北东部地区特殊的区位和自然地理条件，还具有维护国家生态安全的屏障和巩固国家国土安全的保障功能，这也是全面乡村振兴战略制定与实施必须考虑的出发点。

## 第二节 东北东部绿色经济带经济发展的特征分析

### 一、地大物博，发展水平不高

东北东部经济带区域面积为 31.3 万平方千米，占东北三省总面积的 38.7%，人口占东北三省总人口的 29.1%。人口密度低，为东北人口平均密度的 75.1%。

辽宁东部地区包括大连、丹东、本溪，面积 36873 千米，占辽宁省地域总面积的 24.9%。吉林省东部地区包括吉林市、通化市、白山市、延边朝鲜族自治州、长白山保护开发区管理委员会，总面积 103603 千米，占吉林省地域面积的 55.3%。该地区面积占吉林省面积的一半，但经济总量仅占吉林省的 32%，经济发展水平不高。黑龙江东部地区包括牡丹江市、佳木斯市、双鸭山市、七台河市、鹤岗市、鸡西市、伊春市等城市。该地区面积占黑龙江总面积的 36.5%，区域面积远远大于辽宁东部和吉林东部面积总和，为 172628.29 平方千米。地域宽广，人口稀少，与辽宁东部和吉林东部相比，经济发展水平较低，从黑龙江省的角度分析，该地区经济总量占到黑龙江全省总量的 25.5%，贡献率较低。该地区资源丰富，拥有铁矿、煤炭等资源，农业发展基础好，与俄远东地区有较长的边境线，对俄经贸合作具有地缘、人缘和通道优势。

## 二、资源丰富，开发潜力巨大

由于地势影响，东北东部经济带整体的气候条件非常优越，夏无酷暑，冬无严寒，四季分明，雨量充沛。东北东部经济带地域面积大，资源禀赋丰富，矿产资源丰富，能源优势明显，为粮食、煤炭、矿石、木材、医药、化工、冶金等领域提供了较大的发展空间。该地区是我国重要的工业和农业基地，拥有一批关系国民经济命脉和国家安全的战略性资源，关乎国家发展大局。[①] 同时地区旅游资源非常丰富，山地、河流等自然资源，红色文化、历史文化等人文资源也非常丰富，具有独特的韵味和历史寓意，围绕大兴安岭、长白山、松花江、鸭绿江等自然资源，各地区已经形成了一批独特的自然和人文景观。辽宁东部、吉林东部、黑龙江省东部所包含城市的资源状况有相似之处，也有各自的特色。

辽宁东部地区资源主要以矿产、药材、木材和水资源为主。其中黄金、煤、磷、镁、石灰石、大理石、花岗岩等都具有较高的开发价值，油母页岩、煤炭、煤层气、硼、钼、铜、金、银、锌等储量较多，资源种类多，后续开发价值高。作为东北东部经济带起点城市，丹东资源禀赋良好，在全面振兴发展中，需时刻找准国家发展关键点，整合资源，搭建平台，发挥各项资源的经济价值。

吉林东部地区木材、医药、农业、水电资源优势明显，该地区内有松花江、鸭绿江和珲江三大水系，水利资源丰沛，也是全国重点商品粮基地。该区域有野生动植物 3000 多种，其中药用植物 800 多种，延边、白山、通化都是全国知名的医药城市。

黑龙江东部地区煤炭、铁矿石等一些金属和非金属矿产量在全国占有较大比重，一些大型磁铁矿及石墨储量也颇为丰富。鹤岗、双鸭山、七台河、鸡西煤炭年产量都在 2000 万吨以上，这些煤炭具有低硫、低磷、高发热量、高灰

---

① 巨文忠，张淑慧. 东北地区发展缓慢的原因与出路 [J]. 科技中国，2022 (11).

熔点、高硅含量等特点。鹤岗的陶砾页岩，双鸭山1.5亿吨大型磁铁矿及黄金、白坞、石墨、大理石，鸡西的硅线石、黄金、钾长石等都具有很高的开采价值，有效应用可以促进区域发展。

## 三、产业基础扎实，后发优势明显

东北东部经济带所包含城市的产业基础和产业结构有相似之处，发展初期的主导产业多为高耗能的原材料工业或矿产、煤炭资源开采等传统产业。产品也多为初级产品，产品深加工的能力较弱。随着产业结构的不断调整，重点发展产业和优势产业大多集中在煤炭、石化、电力、钢铁、冶金等基础产业和机械制造、汽车及汽车零部件、电子、纺织、农产品等加工业。随着"创新驱动"战略的提出以及经济发展由高速增长转变到高质量发展阶段，东北东部经济带各个城市加快改造提升传统产业、着力培育战略性新兴产业、大力发展服务业，后发优势明显。

辽宁东部二、三产业相对发达，产业结构各有特色，产业比重由大到小基本是"三、二、一"。第三产业以特色旅游、新型商业、房地产、电子信息物流等行业为主；第二产业主要以石化、钢铁、矿产及其深加工接续产业、汽车及零部件、纺织服装、化工医药、造纸及纸制品为主；第一产业主要以现代农业为主。

吉林东部地区以资源业、初级加工制造业和旅游业为主，并逐渐形成以石化、农产品、矿产冶金、汽车为支柱产业，医药、建材、葡萄酒、轻纺、新兴旅游为优势产业的产业格局。

黑龙江东部地区以农副产品、"原字号"资源加工为主。其中，第一产业多为农副产品和食品加工行业；第二产业则以煤炭开采及加工、林木加工、电力、冶金化工为主，并围绕主导产品建立了相应的特色加工园区；第三产业主要以旅游业为主。

## 四、合作意识较高，合作领域互补

东北东部地区在历史上就有较强的内部联系和合作基础。清政府时期东北东部地区是一个相对独立的政治经济区，在历史、语言、文化以及风俗习惯等方面，一直有着良好的合作基础。东北东部地区的区域经济合作不仅具有良好的历史基础，而且还具有良好的现实基础。

辽宁东部地区的优势是冶金、汽车、装备制造、化工、纺织等，加工能力强是辽宁东部地区的一大特点。今后，随着东北东部铁路全面贯通，辽宁的优势产品可以直接运往吉林、龙江东部地区，不必绕行哈大线。通过产业配套和物流链接，将帮助东北三省东部经济有效扩展市场空间、降低经营成本、增加升值潜力。同时，利用能源基地优势，还可以吸纳东北三省的冶金、重化工产业将生产基地移入东北东部地区，以减少煤炭、矿石的长途运输，便于联合开发、技术合作。

吉林东部地区的优势是冶金、煤炭、粮食、医药以及对朝鲜和俄罗斯的矿产品和木材进口。东北东部铁路全面贯通后，吉林的粮食、木材、煤炭以及从朝鲜和俄罗斯进口的矿产品和木材可以通过大东港源源不断地运往全国各地。如通钢、抚顺特钢和新抚钢所需的生产原料一大部分来自吉林的碳素、铁合金生产基地。而吉林市又是以石化、汽车、冶金等产业为主的高耗能城市，煤炭年消耗量在1200万吨左右，除了自产200万吨煤炭外，其余的煤炭都来自鹤岗、双鸭山、七台河、鸡西、通化等东部地区。

黑龙江东部地区优势是优质煤炭开采及煤电化加工，对俄合作的木材矿石进口，粮食及农副产品生产加工，以及为上述产业服务的煤机、农机等装备制造。这些优势产业特别是优势资源，与吉辽两省东部的重化工业、装备制造业、冶金钢铁业存在密切的配套供给关系。全面贯通东北东部交通运输线以后，黑龙江东部地区的褐煤精煤、高焦煤、焦炭、丰富的电力、初级粮食产品、化工材料以及俄罗斯进口的铁、铜、锰、铅矿石和优质木材，可以直接输送给吉林东部和辽宁东部的装备、机械、化工企业，或由丹东出海进入国内和国际市场。

实现高质量发展，东北东部经济带各个城市要加强合作、相互支持、取长补短、共同发展，提供合作平台、拓宽合作领域，本着团结协作、优势互补、互惠共赢的原则，重点在经济转型、产业升级、生态保护、城市功能提升等方面开展合作，合力打造新时代全面振兴的新格局，共同将东北东部经济带培育发展成为东北老工业基地振兴的新增长极和面向东北亚对外开放的新高地。

## 五、外贸发展较快，转型力度不大

东北东部经济带属于边境地区，与相邻国家都有经贸往来。东北东部地区加快了对外开放的步伐，鼓励企业扩大出口采取积极有效的措施吸引外资，并取得了较为明显的成绩。对外贸易主要以周边国家为主，主要是对朝和对俄贸易，进出口产品也多以食品、农副产品和化工原料、医药原料、黑色及有色金属、轻工、石蜡、机电等初级加工产品为主。

对朝贸易的主要区域地区分布在辽宁省和吉林省。丹东作为最大的边境城市，独特的地理位置为丹东外贸的发展提供了巨大的优势。作为全省唯一的边境城市，有四横四纵地面交通网，有航空、海运等立体交通网络，有东北东部广阔的腹地。发达高效的交通物流为丹东对外贸易发展提供了必要条件，但丹东作为边境口岸城市的优势还没有充分发挥出来。随着朝鲜对外贸易额的不断扩大，丹东对朝贸易还有很大的空间可以利用。对丹东而言，对朝贸易是丹东对外贸易很重要的组成部分，也是丹东经济发展的重要组成部分。

对俄贸易的主要区域分布在黑龙江省，双鸭山市境内有国家对俄一类口岸——饶河口岸。目前双鸭山市通过大力实施四达中俄国际贸易中心、联捷中俄国际商贸中心和中俄经贸产业园建设以及设立中俄贸易办事处等设施，不断扩大对俄贸易规模，力求把双鸭山市打造成为中国对俄贸易的枢纽驿站。鸡西中俄边境线长 641 千米，有密山、虎林两个国家一类陆路口岸。立足口岸优势，鸡西抓住黑龙江省建设龙丝路经济带的契机，内建工厂、外建基地，大力发展外贸产业，建起了虎林、密山两个进出口加工园区，密山口岸成为黑龙江首批 4 个进境粮食口岸之一。为充分发挥口岸作用，鸡西市积极推进铁路建设等项目。

## 六、交流口岸多，经济发展潜力大

东北东部地区有十几个对俄、对朝的通商口岸，与俄、朝边贸往来十分便捷。但由于包括铁路、公路在内的各项基础设施建设滞后，没能形成良好的商贸通道，再加上融资困难等诸多因素，因此到目前为止没有形成对外开放的良好态势。在全国煤炭资源紧缺的情况下，鹤岗煤炭却因为受交通问题的限制而无法外运，而延边丰富的木材、矿产资源也受到资金短缺的制约，不能得到充分的开发和利用。

辽宁东部地区唯一的边境城市是丹东，近年来加大了对外开放的力度，不断提升港口的功能和服务水平。为承担起东北东部地区出海口的重任，丹东将按照建设亿吨吞吐能力大港的要求，加快港口及港前区建设的步伐，并且在原有基础上，加快木材、煤炭、粮食、原油、矿石等东部地区急需的专业码头建设和集装箱码头建设，同时也加大了以石油化工、机械冶金、粮油加工和木材加工等为主导的临港产业园区建设。

吉林东部地区边境口岸较多，但是口岸基础设施薄弱、承载能力有限。目前已经开通了到朝鲜罗津、韩国釜山、俄罗斯波西耶特、日本秋田等地的集装箱定期航线。同时根据各自的产业和区位优势，围绕着这些边境口岸已经建立了对俄、韩、朝、日的边境经济技术合作区、互惠贸易区和出口加工区，发展对邻国的优势互补产业。

黑龙江东部地区有二十多个国家一类口岸。现有的 27 个国家一类口岸中包含 19 个中俄边境口岸：10 个水运边境口岸、6 个公路边境口岸、2 个铁路边境口岸、1 个步行边境口岸。还开辟了多个互市贸易区，现已形成互市贸易+旅游区格局。边境地区交通便利，是连接东北亚与欧洲的重要通道，区位优势显著，发展边境旅游合作潜力巨大。[①]

## 第三节 东北东部绿色经济带区域合作的开始与推进

### 一、东北东部经济带区域合作的开始

（一）理论探讨阶段

1. 建设东北东部经济带是顺势而为

党中央、国务院之所以高度重视东北地区的对外开放，是因为对外开放是实现东北老工业基地振兴的关键。而东北东部地区的特殊区位使其担负起对外开放的重要职责。因此，加快东北东部经济带建设，是落实党中央、国务院要求，加快东北地区对外开放的战略性任务。在振兴东北老工业基地时，还要注重加强东北东部铁路通道和跨省区公路运输通道等基础设施建设，加快市场体系建设，促进区域经济一体化。这是国家从全面建成小康社会和加快现代化建设全局出发作出的总体战略部署。因此，加快东北东部经济带建设，是贯彻科学发展观、推进规划实施、加快东北老工业基地振兴的必然选择。

2. 地方经济发展需求是关键所在

东北东部地区丰富的物资在没有铁路、公路的情况下，鸭绿江水运成为唯一的运输大动脉。丹东位于鸭绿江右岸，江水入海处。历史上丹东成为整个东北地区货物通关入海的枢纽节点。改革开放以来，立足港口统筹考虑城市发展和生产力布局调整，始终是丹东历届市委、市政府研究经济发展战略的主线任务。

东北东部现代化沿海港口城市的地位要求将丹东打造成为东北东部新的出

---

① 朱海静. 黑龙江省与俄罗斯东部地区边境旅游合作发展对策 [J]. 黑河学院学报，2019（4）.

海通道,这一定位将有力提升丹东市在区域发展中的地位和作用,有效扩展经济腹地,改善发展环境和条件,为丹东加快发展提供重大机遇。港口城市的定位将更鲜明地塑造出开放而充满活力的对外形象,有利于丹东市全方位扩大开放,彻底扭转对边境地区的边缘化认识倾向,更好地吸引承接国际资本和产业转移。"东北东部"的港口城市的定位,体现了丹东市独特的区位条件。随着世界经济全球化、区域经济一体化步伐的加快,东北亚地区正在成为全球经济的新增长极,并且蕴含着巨大的区域合作潜力。丹东市要充分利用和发挥好独特的区位优势,找准定位,抢抓机遇,更好地融入区域经济发展之中。

(二)实质推进阶段

1. 合作框架协议体系不断完善

一是《东北东部十二市(州)区域合作框架协议》;二是《关于进一步推进东北东部区域合作的倡议书》,在东北东部(12+1)区域合作第二届圆桌会议上签署;三是《林都宣言》。为了表达共同推动东北东部区域经济合作发展的强烈愿望和促进区域城市间深入交流、合作共赢的坚定信心,在第七届合作会议中,将会议成果作为《林都宣言》正式发表;四是《东北东部(12+2)城市旅游联盟长白山宣言》。为贯彻落实《若干意见》,积极推动《东北东部经济带发展规划》的实施,进一步推进东北东部区域深入务实合作,提升东北东部沿线城市在旅游地理区位、资源优势、产品特性和营销整合上的互动性、互助性和互补性,共同打造和树立中国生态旅游城市品牌,带动区域经济一体化和绿色转型发展,促进东北等老工业基地全面振兴,本着"友好、合作、平等、互利、共赢"的发展原则,经充分协商,决定成立"东北东部(12+2)城市旅游联盟";五是《东北东部(12+1)区域经济优惠政策》。为鼓励东北东部各市(州)企业和个人在区域内投资兴业,构建区域内紧密相连的经济带,加快东北东部(12+1)区域经济一体化进程,打造东北东部(12+1)区域合作新的亮点和东北振兴新的增长极,制定优惠政策。

2. 城市之间相关领域加强合作

在国家和东北三省及东北东部经济带各城市的共同推动下,东北东部经济带的发展战略、目标任务日渐清晰,区域联系网络和经常性的协调联动机制日趋完善,双向和多向互动明显增多,规划、交通、物流、旅游、商贸、能源、通关等各领域的合作呈现良好态势。各个城市之间加强重点领域合作,合力打造多点支撑的经济发展新格局,共同将东北东部地区培育发展成为东北老工业基地振兴新的增长极和面向东北亚对外开放的新高地。

## 二、东北东部经济带区域合作的推进情况

目前,东北东部经济带历经 11 年的开发建设,取得了阶段性成果,概括体现在以下几个方面。

### (一) 区域合作机制初步建立

自 2005 年开始,历经十多年的发展,东北东部经济带区域合作取得较大成效。一是合作城市由最初的 12 个增加到 15 个。随着区域合作不断深入和东北东部铁路的开通,参与东北区域合作的城市不断增多,最终形成东北东部经济带;二是合作机制由最初的论坛形式转变为圆桌会议形式。早期合作形式以东北东部经济带论坛为主,随着区域经济合作与发展纳入东北三省"十一五"规划,为进一步加强交流合作,论坛升格为圆桌会议,形成常态合作态势,全力推进东北东部地区全方位、多层次、宽领域的发展格局。

### (二) 产业合作实现突破性进展

东北东部经济带区域合作核心是地域之间的产业合作,其中,旅游、物流合作是最大亮点。东北东部"12+2"区域构建旅游联盟合作机制,成立了东北三省一区自驾车联盟,各成员城市互为旅游目的地、互为客源地、互为市场推广地、互为无障碍旅游区的氛围愈发浓厚;同时沈丹高铁的开通使东北东部腹地城市的出海大通道更加畅通便捷,大大降低了企业的物流成本,港口与腹地的物流合作项目与日俱增。目前,丹东港与通化国际内陆港务区已签订合作协议,将为东北东部经济带打通"通达边海"开放大通道。跨境经济合作区的建设为我国推进沿海城市进一步发展提供新的方向。通过区域内合作水平的全面提升,带动滞后产业的发展。[①] 跨境经济合作区的建设离不开国家的政策支持,通过比照相关地区的优惠政策,吸引国内有实力的企业、国开行和中投公司等对跨境经济合作区进行投资承建,从而加快经济合作区的全面建设,解决东北东部经济带投资资金短缺的难题。

### (三) 东北东部交通网络不断完善

东北东部交通网络以高速公路、铁路、水运、海运为主。内部包括 201 国道和鹤大等高速公路、沈丹、丹大、长吉等高铁、鸭绿江水运、黄海海运等。

---

① 孙鑫予,于善波. 黑龙江省对俄跨境经济合作区建设研究 [J]. 商场现代化,2021 (3).

外部以丹东港为起点,向北联通中蒙直至欧洲的新欧亚大陆桥,向东依托东北东部铁路建设中蒙俄跨境运输通道,向南依托陆海联运形式打造朝鲜、韩国、日本东北亚多式联运通道。目前,丹东港的吞吐量已达到1.5亿吨,港区内部已为本溪、通化配套专业码头,用于飞地建设。同时丹东港在东北三省布局30多个陆港,其中通化陆港已为丹东港贡献576万吨的物流量,预计到2030年将为丹东港提供亿吨吞吐量。

### 三、东北东部经济带发展存在的问题

#### (一) 区域合作发展未受到足够重视

从国家三大战略发展趋势看,城市群、城市带、城市圈已成为我国区域经济发展的总体格局。东北东部经济带属于跨省(区)的区域合作,横跨辽宁、吉林、黑龙江三省。三地都将东北东部的发展纳入"十三五"规划,但在实际工作中却出现对其重视程度不高的状况。由于吉林和辽宁后续的发展战略进行了局部调整,因此,整个东北东部经济带发展未能达到预期效果,区域合作停滞不前,整体来看仍呈现出开发与开放层次不高、区域合作水平低等问题。

#### (二) 产业协作水平不高

《东北东部十二市(州)区域合作框架协议》已明确要求,东北东部经济带各个城市在农业合作方面,建设区域一体化农产品市场体系,提高经济带发展动力和活力。但在实际运行过程中,丹东主打鸭绿江农产品体系,通化、白山等主打长白山农产品体系,各自为战,产品市场和生产要素市场、服务市场没有形成配套资源和优势互补。经济带中的合作项目基本停留在几个城市之间的旅游、物流等产业,东北东部经济带15个城市政府共同推动形成具有核心竞争力和地域特色的合作项目进展不大,没有发挥东北东部经济带的区位优势,区域一体化市场发展体系亟待建立。

#### (三) 产业布局未能全面有效统筹

东北东部地区的主导产业是高耗能的原材料工业或矿产、煤炭资源开采等传统产业,产品大多为初级产品,深加工能力较弱。区域内重点发展的产业和优势产业主要集中在煤炭、石化、电力、钢铁、冶金等基础产业和机械制造、汽车及汽车零部件、电子、纺织、农产品等产业,区域内产业结构不突出,未能根据城市特点从整体上进行统筹规划,造成城内产业结构雷同,市场恶性竞

争，影响后续产业深度融合发展。①

### （四）交通网络建设及服务尚需完善

一是运能运速低。有的地方设施陈旧，货运运输的价格体系没有理顺，客运运输还未开通；二是物流成本高。东边道铁路开通后，为减少企业物流成本，黑龙江和吉林两地的企业仍然绕道哈大线走大连港和营口港。

## 第四节 东北东部绿色经济带区域合作的基本思路

### 一、通过科学规划建立多维度的空间布局

依托鸭绿江流域、长白山山脉等自然地理特征，沿着公路、铁路等交通干线，结合行政区划，合理谋划、科学规划，建立多维度的空间布局和空间区域结构。

#### （一）打破行政壁垒

东北东部地区总体上说，市场化程度还不高，旧体制、机制束缚较大。为此，必须坚持体制创新，打破行政壁垒和地区分割，提高整体市场化程度。目前，东北东部15市（州）分别隶属于辽宁、吉林、黑龙江三省，在行政管理体制上有着天然的障碍。东北东部经济带要想大发展，实现真正意义上的区域联合，必须以市场化改革为先导，打破行政壁垒和地区封锁。一是建立有效的沟通联络机制。如建立东北东部区域合作理事会作为议定重大合作事项和区域发展规划的机构。二是加强各省市之间主要经济部门的对口联系。如建立三省、十五市（州）发改委联络会，形成谋划合作项目、沟通信息的工作机制。三是加强民间组织和企业间的合作。如成立商会组织、行业协会组织等，广泛开展跨地区的经贸洽谈会、信息联络等互利互惠的活动。

#### （二）粮食安全布局

新一轮东北振兴发展的目标是"一带五基地"，其中粮食生产基地是最重

---

① 邹辉. 东北东部经济带区域合作要义 [J]. 开放导报，2019（3）.

要的一个衡量目标。优化东北东部粮食生产布局，建设东北大粮仓；着力打造粮食生产核心区，稳步提高粮食生产能力；积极推进三江平原、松嫩平原两大平原现代农业综合配套改革试验区建设，重点建设全国重要的粳稻、非转基因大豆、优质专用玉米和马铃薯生产基地；打造维护国家粮食安全的战略基地，建成国家商品粮基地核心区、绿色食品生产样板区、高效生态农业先行区。

划定"两区"是落实国家粮食安全战略、确保农业农村经济稳中求进的必然要求。我国粮食连年增产，重要农产品生产能力稳定提升，但工业化、城镇化发展与农业生产用地之间的矛盾不断凸显，保障粮食等重要农产品供给任务依然艰巨。划定"两区"是落实新时期国家粮食安全战略，确保"谷物基本自给、口粮绝对安全"以及国家重要农产品有效自给的重大举措。通过建立"两区"，进一步聚焦主要作物和优势产区，将粮食等重要农产品生产用地细化落实到地块，优化区域布局和要素组合，为农业结构战略性调整和提高农产品市场竞争力提供保证。

## 二、促进地区建立现代新兴产业体系

### （一）大力发展现代农业

大力发展农业生产，大力推进粮食增产工程建设，重点支持三江平原和松嫩平原发展优质粳稻，加快建设优质专用玉米产业带和优质大豆生产基地。创建水产健康养殖标准化示范场。积极发展特色农业种植，提高食用菌、黑木耳、滑子蘑、草莓、蓝莓、红树莓、林蛙、北药等区域特色产品生产规模化、标准化和品牌化。依托长白山和小兴安岭森林资源，积极发展林上和林下经济。大力开展水利支撑工程建设，加大灌区续建配套和节水改造力度。提升农业机械化水平，加大粮食主产区农机补贴力度。大力推进基本农田建设，加快中低产田改造和土地复垦，建立定期深松作业补贴长效机制。大力推进农业科技创新，完善农业科技创新体系。支持建立国家级农业工程研究中心、产业技术研发中心和综合实验站。加强农业生物灾害预警监测网络系统、区域林业灾害预警网络体系建设。加强基层农业技术推广体系和农业综合信息服务平台建设。

### （二）构建现代工业体系

推动装备制造业向高端化、专业化和规模化方向发展，加强产业基地研发平台和配套体系建设，提高装备研发设计、核心元器件配套、加工制造和系统

经济发展的新方向：绿色经济研究

集成的整体水平。产业合作是东北东部地区合作的核心内容，加快超大规模集成电路等新一代信息技术产业发展。加快推进生物技术开发与应用，大力发展生物育种、绿色农用生物制品、现代中药、生物制药和高端化学原料制药等生物产业。发展石墨新材料、纤维复合材料、精细化工材料、新型陶瓷材料、新型墙体材料等新材料产业。重点开发和培育一批竞争力较强、市场前景广阔的节能环保新产品，大力发展海洋新兴产业。先进装备制造产业集群以汽车整车及零部件、数控机床研发和生产、造船和海洋工程、轴承、仪器仪表、电机电缆等通用设备以及农机机具、矿山机械、能源机械等专用设备为重点，推动先进装备制造业集群发展。

（三）壮大现代服务业

以生态保护、绿色发展为核心，以"旅游+N"的产业模式为路径把发展旅游与发展医药健康、生态、养生、养老、保健、休闲、健身等大健康产业紧密结合起来，共同推动生态旅游开发，加快把东北东部建成世界级的、更具知名度和影响力的生态休闲旅游目的地。服务业作为我国现阶段经济增长的主引擎，东北地区应高度重视服务业的振兴，根据不同类型服务业的发展规律推行配套的政策措施，促进服务业与制造业的融合与互动发展。[①]

搞好铁路、公路、水路等交通规划的对接衔接，加快推进高速公路、高铁、机场、港口和国际内陆港、空港产业园区，以及对朝、对韩、对俄陆港区等基础设施的建设和改造升级，加快建设以高速公路和高铁为轴线的旅游交通网，加快实现重要旅游区点的互联互通，加快形成区域旅游环线和丰富的旅游线路。

联手做好东北东部生态旅游经济带的形象策划与包装工作，树立丰满亲切、富有特色的生态旅游形象。从区域旅游产业整体发展的角度规划建设各具特色的旅游产品，加快建设边境、海滨、冰雪、森林草原、湿地、温泉、民族、文化等旅游目的地，形成一批精品旅游线路。在充分挖掘地域文化和生态旅游资源的基础上，发展特色旅游产品，建设特色旅游区，合作打造品牌性节日活动。开展东北东部优质旅游产品和优质服务评选活动，加大对优质产品和优良企业的扶持，共同制定旅游专项服务标准，促进旅游品质提升。

### 三、通过基础设施建立配套互通的绿色大通道

统筹协调东北东部经济带基础设施建设，增强其面向东北亚的合作开放开

---

① 马涛，吴然．东北地区产业关联与动态分工的比较研究［J］．求是学刊，2018（1）．

发能力和沿边沿疆国防保障能力，实现区域经济协同发展。

### （一）构建便捷高效交通网

深入对接"一带一路"建设，全面推动铁路、公路、水路等交通规划的对接衔接和项目建设，共同推进高速公路、高铁、机场、港口和临港、空港产业园区，以及对朝、对韩、对俄陆港区等基础设施的建设和改造升级，特别是加快建设以高速公路和高铁为主轴的交通网，尽快实现高速公路和高铁的相互连接，搭建我国东端进关出海、通达国际的主通道，构建大交通、大通关联动发展格局。

全力打造贯通东北东部地区的"交通大动脉"和新的出海通道。高标准改造升级既有铁路，提高铁路客货运能力。统筹规划铁路沿线场站布局，增强铁路运输周转服务能力。加强干线铁路间的衔接，消灭断头路，推进铁路交通点间新干线建设。构建区域性铁路交通枢纽，优化干线铁路建设布局。以高速铁路建设为中心，加快推进哈尔滨至佳木斯、哈尔滨至牡丹江、丹东至大连、长春至吉林等高速铁路和快速铁路，沈阳至本溪等城际铁路建设，逐步构筑城际快速铁路网。

### （二）调整能源供给结构

加强煤炭、石油、天然气、低阶煤等能源的勘查、生产、运输和综合利用。科学谋划区域能源储量的分配规划、能源企业的整合发展，改善能源运输条件，将东北东部建设成国家级能源保障基地。提高传统能源开发利用水平，积极推进高效大容量火电工程、抽水蓄能电站、核电及城市区域大型热电联产工程，提高新能源在总发电装机容量中的比重。加强主干电网建设，加快建设省际高压、超高压输电通道。推进电网改造，特别是粮食主产区和林区的电网改造力度。开展智能电网建设试点，研究解决风电、小水电、太阳能发电等分散电源上网问题，切实解决好"窝电"现象。

### （三）完善城市基础设施

加快供水管线铺设速度和老旧管线更换改造步伐，提高城市自来水普及率和使用效率。优化城市液化天然气储配站和管线建设布局，提高城市燃气普及率。大力发展城市热电项目，稳步推进老旧小区供热配套改造工程。完善城市排水系统，提高雨污管线建设标准，实现雨污分流，有效解决城市内涝问题。做好城市道路和公共交通线路规划，优化道路和公交线路布局。加快推进城市道路的修缮、改造工作，提高城市道路的通行能力。完善城市公共交通体系，营运车辆选择向节能型、低碳型、环保型方向发展。

继续加大保障性住房建设力度,以老城区、林区、矿区、棚户区拆迁改造为工作重点,最大限度保障中低收入人群住房需求。[①] 棚户区改造既要加强改造建设,又要保证住房分配过程的公开透明。合力打造智慧城市,共同推进"互联网+旅游"产业发展,建立统一的旅游网络平台、物流网络平台,加快推动区域内资金、资源、产业、产品、人员信息优化配置,互联互通。

## 四、依托开发开放为建立东北亚国际合作核心区

### (一) 加快产业园区建设

提升珲春、绥芬河、东宁、同江等现有互市贸易区的功能,建设中朝互市贸易区、进出口产品加工区、国际物流仓储区和相关配套基础设施,打造"边贸新城"。大窑湾保税区要继续占据对外开放的制高点,进一步扩大和提升服务功能,加快大连汽车物流城建设,建成与世界市场接轨的自由贸易试验区、东北亚地区的商品集散地和物资分拨中心。积极推进绥芬河综合保税区建设,重点发展进出口产品加工业和国际中转、国际配送国际采购、转口贸易等经贸物流业以及会展、金融、信息等现代服务业。

### (二) 加强能源资源合作

深化国际能源资源开发和加工互利合作,引导各类所有制企业有序开展境外投资合作。加强油气领域合作开发,鼓励企业参与外油气资源勘探开发及石油化工产业合作。积极支持煤炭领域合作开发,鼓励有实力的企业开展煤电化及配套设施一体化建设,形成跨境合作的上下游产业链,研究缓解煤炭资源运输瓶颈。加强电力合作,鼓励企业参与毗邻国家电力建设和电网现代化改造,提升电力输送能力。积极开展与周边国家在新能源以及能效管理等领域的合作。鼓励企业以多种形式参与周边国家矿产资源开采加工,建设境外矿产综合加工园区及配套基础设施。

### (三) 加强旅游联盟合作

作为经济增长、结构优化的重要推动力,旅游业也正逐渐由粗放式发展向内涵式发展转变。大力发展优质旅游,提高旅游供给体系质量水平,满足人民

---

① 邹辉. 东北东部经济带区域合作与丹东战略 [M]. 沈阳:东北大学出版社,2019:76.

## 第七章 东北东部绿色经济带区域合作研究

日益增长的旅游美好生活需要成为必然要求。① 推动各城市、各旅游企业、旅行社深化合作,依托特殊的人文地理、资源禀赋和生态优势,改造升级森林生态游、湿地生态游、乡村风光游等老字号旅游产品,深度开发冰雪生态游、跨境风情游等老字号旅游产品,培育壮大医疗养生游、健康养老游、徒步游、自驾游等新字号旅游产品,联手开展旅游活动。文旅结合、体旅结合、医旅结合是旅游业发展的大趋势,应在更辽阔的区域举办大型赛事和文化活动,吸引更多游客来旅游观光。联合举办大型旅游宣传推介会,统一制作旅游宣传片和广告宣传词,联手在央视和重要旅游客源城市电视台播出,提高东北东部生态旅游在国内外的知名度。

---

① 王慧. 东北旅游景区效率的时空差异分析与路径选择——基于优质旅游有效供给[J]. 社会科学家,2019(12).

# 参考文献

[1] 《文化旅游管理创新与产业发展实务》编委会. 文化旅游管理创新与产业发展实务 第2册 [M]. 北京：光明日报出版社，2021.

[2] 艾新博. 浅谈我国绿色经济发展模式 [J]. 全国流通经济，2017 (27).

[3] 曹小曙. 粤港澳大湾区区域经济一体化的理论与实践进展 [J]. 上海交通大学学报（哲学社会科学版），2019 (5).

[4] 陈延桐，张昭. 构建绿色消费模式的路径 [J]. 经济研究导刊，2023 (3).

[5] 成长春，吴日明. 建设美丽中国 [M]. 北京：中国青年出版社，2022.

[6] 程丽琴，方正. 新时代绿色经济发展：理论基础、核心动力与制度建构 [J]. 贵阳市委党校学报，2021 (5).

[7] 崔禄春. 中国共产党百年制度史 [M]. 北京：中国工人出版社，2022.

[8] 崔自三. 绿色营销：撬动未来收益 [J]. 光彩，2023 (1).

[9] 刁宇凡，徐思明. SA8000标准对我国纺织服装业出口的影响分析——基于贸易引力模型的验证 [J]. 中国商论，2021 (11).

[10] 丁玉龙. 数字经济与绿色经济效率的理论基础研究 [J]. 北方经贸，2021 (9).

[11] 冯雨欣，刘生. 东北地区产业绿色转型升级的问题及对策探究 [J]. 现代商贸工业，2022 (24).

[12] 郭文尧，王西. 东北地区经济发展的困境及新动能培育 [J]. 企业经济，2018 (12).

[13] 韩磊. 构建中国特色的自然资源产权制度 [J]. 理财（经论版），2020 (3).

[14] 何昌燕. 新常态下我国绿色经济发展模式的几点思考 [J]. 企业改革与管理，2020 (16).

[15] 侯慎建. 新时期煤炭地质勘查产业链布局与发展研究 [M]. 北京：中国经济出版社，2022.

［16］黄建洪. 绿色发展理念：绿色经济社会治理的新范式［J］. 北京师范大学学报（社会科学版），2021（4）.

［17］黄其松，梁光凤. 组织特征与内在机理：信息社会的政府组织结构变革［J］. 西华师范大学学报（哲学社会科学版），2022（1）.

［18］黄长芳. 新常态下绿色经济转型发展的思考［J］. 经济研究导刊，2019（2）.

［19］江世英. 基于博弈论的绿色供应链定价及契约协调研究［M］. 上海：上海交通大学出版社，2021.

［20］焦彩红. 新常态下我国绿色经济发展模式的探析［J］. 商，2016（23）.

［21］巨文忠，张淑慧. 东北地区发展缓慢的原因与出路［J］. 科技中国，2022（11）.

［22］赖婵丹. 实现生产方式绿色化的政治经济学理论基础［J］. 攀登，2019，38（1）.

［23］李萌，潘家华，钱易总. 城市发展转型与生态文明建设［M］. 北京：中国环境出版集团有限公司，2021.

［24］李亚楠，郭元飞. 浅析我国经济发展新常态下的绿色经济［J］. 商，2016（2）.

［25］李永慧，李华晶，庞雅宁，李璟琦. 绿色发展制度环境、创业活动与经济增长关系研究［J］. 中国科技论坛，2019（11）.

［26］刘春梅. 绿色经济理念下建筑经济可持续发展的研究［J］. 中国房地产业，2023（15）.

［27］刘国斌，崔明月. 绿色经济视阈下东北地区产业转型升级研究［J］. 哈尔滨商业大学学报（社会科学版），2022（1）.

［28］刘建芳. 绿色经济对产业发展方向的影响［J］. 中小企业管理与科技，2019（35）.

［29］刘健. 绿色发展与生态文明建设的关键和根本［J］. 经济师，2023（6）.

［30］刘宇佳. 绿色经济与企业绿色发展［J］. 祖国，2019（11）.

［31］马涛，吴然. 东北地区产业关联与动态分工的比较研究［J］. 求是学刊，2018（1）.

［32］毛蕴诗，王婧. 绿色全产业链：中国管理研究的前沿领域［J］. 学术研究，2019（12）.

［33］孟根龙，杨永岗，贾卫列. 绿色经济导论［M］. 厦门：厦门大学出版社，2019.

［34］沈君逸. 低碳经济下我国绿色税收制度探析［J］. 经济研究导刊，2022

(10).

[35] 束亚芳. 绿色市场经济发展模式研究 [J]. 上海商业, 2022 (3).

[36] 宋伟, 张城城. 环境保护与可持续发展 [M]. 北京: 冶金工业出版社, 2021.

[37] 宋晓倩, 耿涌. 城市治理视角下的资源型城市绿色转型研究 [M]. 上海: 上海交通大学出版社有限公司, 2021.

[38] 孙鑫予, 于善波. 黑龙江省对俄跨境经济合作区建设研究 [J]. 商场现代化, 2021 (3).

[39] 唐动亚, 吴加恩, 康贺. 当代中国绿色经济发展研究 [M]. 长春: 吉林人民出版社, 2019.

[40] 万方旭. 绿色发展理念下农村经济绿色转型的路径研究 [J]. 南方农机, 2022 (15).

[41] 汪涛. 生态经济背景下加强企业履行绿色社会责任探讨 [J]. 绿色科技, 2019 (16).

[42] 王宏昌. 我国环保 NGO 的发展困境与完善路径——以日本环保 NGO 为借鉴 [J]. 黑龙江生态工程职业学院学报, 2021, 34 (5).

[43] 王惠. 当前我国关于绿色经济发展所面临的机遇与挑战 [J]. 科技视界, 2014 (34).

[44] 王慧. 东北旅游景区效率的时空差异分析与路径选择——基于优质旅游有效供给 [J]. 社会科学家, 2019 (12).

[45] 王金霞. 绿色税收 [M]. 北京: 中国环境科学出版社, 2017.

[46] 王自文. 基于绿色供应链管理的国际承包工程资产模式 [J]. 现代企业, 2022 (3).

[47] 吴楠. 基于 ISO 14001 环境管理体系的环境因素识别范围分析——以勘察设计企业为例 [J]. 皮革制作与环保科技, 2023 (7).

[48] 吴拓. 现代企业车间管理 [M]. 北京: 机械工业出版社, 2019.

[49] 武春友, 郭玲玲. 绿色增长理论与实践的国际比较研究 [J]. 中国国情国力, 2020 (5).

[50] 夏倩情. 绿色税收制度思考 [J]. 合作经济与科技, 2022 (20).

[51] 向书坚, 郑瑞坤. 绿色经济核算 [M]. 北京: 中国环境科学出版社, 2016.

[52] 徐东海, 王树众. 能源与人类文明发展 第 2 版 [M]. 西安: 西安交通大学出版社, 2022.

[53] 徐淑琴. 低碳背景下企业经济管理的绿色创新发展探讨 [J]. 全国流通

经济, 2023（1）.
[54] 杨青英. 绿色发展理念下农村经济绿色转型的路径研究［J］. 南方农机, 2023（7）.
[55] 于少青. 绿色生产方式的理论变革与价值旨归［J］. 江苏大学学报（社会科学版）, 2023（3）.
[56] 于馨雅. 我国绿色经济的发展现状及趋势［J］. 时代商家, 2022（18）.
[57] 袁玉昆. 我国环保 NGO 公益诉讼的优势与困境分析［J］. 消费导刊, 2020（15）.
[58] 张靖. 绿色金融对我国经济结构转型的影响及政策建议［J］. 上海节能, 2018（10）.
[59] 张俊安. 畜禽养殖业清洁生产［M］. 长春：东北师范大学出版社, 2018.
[60] 张霄远. 乡村振兴战略下农村经济绿色发展转型探索［J］. 山西农经, 2023（8）.
[61] 张艳, 张雨, 孙哲远. 资源依赖、政府治理能力对资源型城市绿色经济转型的影响［J］. 南京财经大学学报, 2022（2）.
[62] 赵静伟. 新时代绿色经济发展的必要性及当代意义［J］. 经济师, 2023（7）.
[63] 仲佳峰, 韩益庭. 中国绿色经济发展模式构建研究［J］. 新商务周刊, 2019（1）.
[64] 朱海静. 黑龙江省与俄罗斯东部地区边境旅游合作发展对策［J］. 黑河学院学报, 2019（4）.
[65] 邹辉. 东北东部经济带区域合作要义［J］. 开放导报, 2019（3）.
[66] 邹辉. 东北东部经济带区域合作与丹东战略［M］. 沈阳：东北大学出版社, 2019.